도서출판 대장간은
쇠를 달구어 연장을 만들듯이
생각을 다듬어 기독교 가치관을
바르게 세우는 곳입니다.

대장간이란 이름에는
사라져가는 복음의 능력을 되살리고,
낡은 것을 새롭게 풀무질하며, 잘못된 것을
바로 세우겠다는 의지가 담겨져 있습니다.

www.daejanggan.org

자끄 엘륄의
윤리사상

정원범

자끄 엘륄의 윤리사상

지은이	정원범
초판발행	2008년 12월 18일
수정판발행	2019년 10월 3일
펴낸이	배용하
책임편집	배용하
등록	제364-2008-000013호
펴낸 곳	도서출판 대장간
	www.daejanggan.org
등록한 곳	충청남도 논산시 가야곡면 매죽헌로1176번길 8-54
분류	기독교윤리 | 인물 | 자끄 엘륄
편집부	전화 (041) 742-1424
영업부	전화 (041) 742-1424 · 전송 0303 0959-1424
ISBN	978-89-7071-151-1 03230

이 책은 저작권법에 의해 보호를 받는 출판물입니다.
기록된 형태의 허락 없이는 무단 전재와 복제를 금합니다.

 값 10,000원

연보

자끄 엘륄 Jacques Ellul (1912~1994)

- 1912년　　　　　프랑스 보르도에서 출생
- 1936년　　　　　법학박사학위 취득
- 1937년　　　　　슈트라스부르그 대학의 연구부장 취임
- 1936년-1937년　프랑스 정계에 투신하여 활동함
- 1940년　　　　　비시정부에 의해 대학 강사직 해임당함
- 1940년-1944년　레지스탕스 운동에 적극적으로 가담
- 1944년-1980년　보르도 대학 교수로 복직하여 80년까지 봉직
- 1944년-1946년　보르도의 부시장으로 봉직
- 1946년-1953년　WCC에서 활동
- 1951년-1970년　프랑스 개혁교회 총회 임원
- 1957년-1958년　프랑스 개혁교회의 "전략 임무"를 수립하는데 참여
- 1958년-　　　　사회부적응 청소년을 위한 활동을 시작함
- 1968년-　　　　환경보호운동을 시작함
- 1994년　　　　　그의 고향 페삭에서 작고함

목차

연보 5

I. 엘륄의 생애 (1912~1994) 11

II. 엘륄의 사상적 배경
   1. 칼 마르크스 (Karl Heinrich Marx) 17
   2. 칼 바르트 (Karl Barth) 22
   3. 죄렌 키에르케고르 (Seren Kierkegaard) 25
   4. 베르나르 샤르보노와 쟝 보스크 27

III. 엘륄의 윤리 방법론
   1. 변증법적 방법 29
   2. 현실주의 34
   3. 기독교 철저주의 (christian radicalism) 35

IV. 엘륄의 윤리의 기본개념
   1. 윤리에 대한 비판 37
   2. 기독교윤리의 불가능성과 필요성 42
   3. 기독교윤리의 기초로서의 자유 46

V. 엘륄의 윤리적 관심사들

1. 기술윤리 55
  1) 기술사회 55
  2) 기술 사회와 기독교 63
  3) 현대기술문명과 그리스도인 68

2. 정치윤리 76
  1) 무정부와 기독교 76
    가. 국가비판과 무정부 76
    나. 국가와 기독교 82
  2) 폭력과 기독교 90
    가. 폭력에 대한 전통적인 견해들 90
    나. 폭력을 용납하는 현대 그리스도인들 91
    다. 폭력과 기독교 95

3. 경제윤리 100
  1) 성경에 나타난 부(돈)의 윤리 100
  2) 돈과 그리스도인 110

Ⅵ. 엘륄의 윤리에 대한 평가
1. 긍정적인 평가 117
1) 신학 이해 117
2) 윤리 이해 118
2. 부정적인 평가 120
1) 신학 이해 120
2) 윤리 이해 122

참고서적 127
미주 131

I. 엘륄의 생애 1912~1994

　자끄 엘륄은 사회분석과 예언자적 신학의 유산을 남겼던 인물로서 20세기의 가장 독창적이고 영향력 있는 사상가 중에 한 사람이었던 것으로 평가된다. 그의 주된 관심사는 크게 두개의 영역 즉 신학과 사회정치학의 분야였다. 이는 다음과 같은 그의 말에서 분명하게 드러난다. "1935년 이래, 나는 사회학적 지평에서 기술이 가장 중요한 현상이라는 사실과 그 밖의 다른 모든 것을 이해하기 위해서는 거기로부터 출발할 필요가 있었다는 사실을 확신했다. … 나는 한편으로는 나의 신학적이고 성서적 지식을 심화시키는 과제와 다른 한편으로는 서구 세계에 대한 사회학적 분석을 지속시켜야 하는 과제에 몰두했다. 나는 어떤 인위적이거나 철학적인 종합에 이르려고 노력함이 없이 신학적이고 성서적인 지식과 사회학적 분석을 대결시키고자 했다."[1] 그가 밝힌

대로, 그의 작품의 본질적인 목표가 그런 것이었기에 그의 작업은 필연적으로 기독교 윤리로 귀결될 수 밖에 없었다.

여기서 우리는 그에 대한 바른 이해는 두 분야에 대한 그의 견해 중 어느 한편을 배제하고서는 가능할 수 없다는 점을 인식하고 동시에 기술과 현대사회에 대한 그의 숙고가 단순히 학문적인 관심사에서가 아니라 그가 살아 왔던 삶의 정황으로부터 출현했던 것임을 전제하면서 그의 삶의 발자취를 개괄해보기로 하자.

엘륄은 1912년 1월 6일, 보르도에서 태어나 1994년 5월 19일 82세를 일기로 세상을 떠났다. 그는 보르도의 부두가의 사람들 사이에서 그의 유년 시절을 보냈다. 이 시기에 그는 "전혀 신앙 교육을 받지 못했다."[2] 엘륄에 따르면, 그의 아버지의 종교적 배경은 그리스 정교였으나 그는 철저한 볼테르주의자였고 그의 어머니는 신앙심 깊은 그리스도인이었지만 남편에게 충실했고 교회에는 나가지 않았기에 엘륄이 신앙적인 양육을 받았다고는 할 수 없다.[3] 유년 시절 그의 가정은 경제적으로 꽤 어려웠다. 그러기에 16세 때부터 그는 자신과 때로는 가족의 생활비를 벌면서 학업을 계속해나가지 않으면 안되었다.[4] 이것은 그가 대학을 마칠 때까지 계속되었다. 이 무렵, 1930년 그의 나이 18세에 그는 마르크스 사상에 접하게 되었다. 그는 "자본론"을 읽고난 후, 그것이 아버지의 실직, 가정의 궁핍, 노동자 계급의 상황 등을 잘 설명해준다고 생각했다. 그것은 당시의 그에게 있어서 자신이 살고 있는 사회에 대한 엄청난 계시였다. 당시 그에게 있어서 마르크스의 사상은 단지 경제적인 체계나 자본주의 체계에 대한 설명만이 아니라 인류, 사회, 역사에 대한 총체적인 전망을 보여 주는 것이었다. 이렇게 해서 그는 "마르크스주의자"가 되었다.

또한 그는 22세 때, 성경을 읽었는데 그 중에 로마서8장을 읽다가 회심했다.[5] 이 때부터 그에게 있어 중대한 문제는 자신이 마르크스주의자이면서 그리스도인이 될 수 있는지를 아는 것이었다. 철학적인 면에서 그는 그럴 수 없다는 점을 인식하고 단호하게 그리스도에 대한 신앙을 선택했다. 그러나 마르크스가 그에게 가져다 주었던 것은 정치, 경제, 사회적인 문제들을 보는 일정한 방식이었다. 이 방면에 있어서 칼 마르크스의 방법은 그가 알고 있는 그 어떤 것보다도 우수한 것이었다고 그는 평가했다.[6]

1933년 그는 무니에 E. Mounier와 함께 '에스쁘리' Esprit 잡지를 창간하는데 참가했고 1937년에 슈트라스부르그 대학의 연구부장으로 지명되었다. 1933년 이후 1937년 후반까지의 기간은 그에게 있어서 매우 왕성한 정치적 활동기였다. 이 기간 동안 무니에의 지도 아래 인격주의 운동이 일어났는데 그는 여기에 참여했다.[7]

1940년에 그는 비시 Vichy정부에 의해 슈트라스부르그 대학의 강사직에서 해임되었다. 전쟁 기간 동안, 그는 프랑스 레지스탕스에 지도자로서 적극적으로 참여[8] 하는 한편, 농사일을 통해서 그의 가족을 부양했다. 1944년에 그는 민족해방운동에 참여했으나 전후 유럽에서 중대한 변화를 일으키는데 정치적이고 혁명적인 운동들이 무력하다는 사실을 깨닫고 상당한 실망을 경험했다.[9]

1944년에 그는 보르도 대학의 법학교수로 복직이 되었고 1980년까지 그 곳에서 봉직했다. 그리고 1944년부터 1946년까지 보르도의 부시장으로 봉직했다. 그러나 가르치는 일과 저술에만 몰두하고자 하면서, 그리고 사회가 정치적인 행동을 통해 변화될 수 없음을 인식하면서 그는 1947년에 정치적인 야망을 포기했다. 또한 1946년 부터 1953년까지 W.C.C.에서 활동했고 프랑스 개혁교회의 전국 대회 National Synod에서 봉직했다. 그러나 이러한 경험들은 그로 하여금 그가 정치적 개혁에 대해 느끼게 되었던 것처럼 교회의 제도적 개혁에 대해 환멸을 느끼게 만들었다.[10]

그렇다면 사회를 변화시킬 수 있는 방법은 무엇인가? 이런 고민 속에서 사람이 이 사회에서 영향을 미칠 수 있는 행동영역을 추구하던 중, 그가 발견한 영역이 두 곳이었다. 하나는 소위 사회 부적합자라고 불리는 이들과 함께 일함으로써 청소년범죄를 예방하는 것이었다. 그는 이 일을 대략 1958년에 시작했다. 또 하나는 생태학적 헌신 즉 환경에 대한 헌신이었는데 그는 1968년 이후 계속적으로 이 일에 헌신했다. 이 환경운동에서 그는 그

가 가장 혐오하는 세가지 즉 기술, 관료주의, 그리고 자본주의를 반박했다.[11)]

일찌기 역사학·사회학·법학 세 분야에서 박사학위를 취득했던 그는 일생을 통해 역사학자, 사회학자, 법학자로서 40권 이상의 저서를 통해 사회분석의 메스를 가했는데 그 중심 주제는 기술에 의해 야기된 인간의 자유와 기독교 신앙의 위협이었다.[12)]

그러기에 그는 기술이 지배적인 사회적 힘으로서 출현한 사실과 인간의 자유와 기독교 신앙에 대한 그것의 위협에 대한 응답으로서 신학적 작업 즉 기술 출현에 대한 신학적 의미와 대안을 탐구해나갔던 것이다. 이런 점에서 엘륄은 신학적 개척자로서의 면모를 지니고 있다고 하겠다.

Ⅱ. 엘륄의 사상적 배경

1. 칼 마르크스

  엘륄은 자신의 사상의 두가지 중요한 원천을 마르크스와 예수라고 밝힌 바 있는데[13] 신앙적 문제에 있어서 예수와 성서가 엘륄에게 결정적인 영향을 주었다고 한다면, 마르크스는 정치, 경제, 사회적 문제에 있어서 지대한 영향을 끼쳤다고 하겠다. 그는 마르크스 사상과의 만남을 이렇게 말했다. "내가 19살이 되었을 때 나는 우연히 마르크스의 자본론을 읽었다. 나는 그것에 열광했다. 그것은 내가 스스로 물었던 거의 모든 질문들에 대하여 대답해 주었다. 나는 마르크스주의자가 되었고 그의 작품을 연구하는데 많은 시간을 보냈다. 그러나 나는 마르크스로부터 매우 멀리 있었던 것으로 여겨졌던 공산주의자들에게 실망했다. 그래서 나는 공산당에 가입하지 않았다."[14]

마르크스의 자본론은 엘륄에게 세계를 조망할 수 있는 하나의 지적인 공식을 제공해주었는데 그것이 바로 변증법의 개념이었다.[15] 그의 사상의 방법론적 특징을 이루고 있는 이 변증법의 개념에 대해서는 다음 장에서 다루기로 한다. 변증법은 그에게 있어서 중심적인 것이었는데[16] 우선적으로는 사회분석에 있어서 그러했다. 엘륄은 말하기를 "마르크스는 사회 현상에 대한 변증법적 특성을 보여 주었다. 그리고 또한 그는 나로 하여금 기술연구를 하도록 강하게 방향지워 주었다"[17]고 했다. 더우기 마르크

엘륄이 말하는 그리스도인의 삶: 혁명적인 삶

"복음은 근본적으로 혁명적이며 또한 다른 어떤 운동들보다도 더 급진적이다."
자끄 엘륄, 『인터뷰에 의한 자끄 엘륄 사상입문』, 82

"그리스도인이 세상에서 산다는 것은 곧 혁명적인 삶을 사는 것이다."
자끄 엘륄, 『세상속의 그리스도인』, 55

"그리스도인은 성령의 인도를 받으므로 그의 행위는 본질적으로 혁명적이다. 만약 그리스도인이 혁명적이 아니라면 그는 여러 가지 면에서 세상 속에서 자신의 소명에 불충한 것이다."
자끄 엘륄, 『세상속의 그리스도인』, 53

스의 변증법은 엘륄의 신학에 대해서조차 영향을 주었다.[18] 그러기에 그는 말하기를, "나의 사상은 오직 변증법적으로 발전할 수밖에 없었다"[19]고 진술했다.

그는 마르크스의 자본론을 통해 세가지 영향을 받았다고 말한다.[20] 첫째 요소는 혁명적 경향이다. 그는 마르크스를 통해 우리가 살고 있는 세계가 무한히 지속될 수 없다는 사실과 다양한

엘륄이 말하는 혁명의 필요성

"최근의 세계정세에는 근본적 변화가 필요하다는 사실, 즉 현대문명은 철저한 변혁을 필요로 한다는 사실에는 모든 사람이 공감하고 있다. 사람들은 이 변화를 '혁명'이라고 부른다.…혁명이 요청되고 있다는 사실은 재론의 여지가 없다. 서구문명이 기계적이고 이성적인 관점에서 전 세계를 지배하게 되었으나 그로 인하여 세계는 치명적인 곤경에 처하게 되었다. 지금까지는 상상하지 못했던 각종 재난이 급속도로 전 세계를 휩쓸고 있다."

자끄 엘륄, 『세상속의 그리스도인』, 37

"현재 이 세상에서의 그리스도인은 혁명적 상황에 처해 있다. 그들이 세상의 보존을 감당하려면 지칠 줄 모르는 혁명적 열정이 필요하다. 우리의 관심사는 세상의 보존이다. 왜냐하면 앞에서 밝힌 바와 같이 오늘날 역사에의 순응은 수백만 양민의 죽음, 인간 문명 가능성의 상실, 자살의 기술적 확립 등과 같은 파국으로 인도하기 때문이다. 세상이 보존되려면 진정한 혁명이 일어나야 한다."

자끄 엘륄, 『세상속의 그리스도인』, 47

엘륄이 말하는 혁명의 의미

"이 세상의 실제 사건들은 하나님나라의 도래로 인하여 가치를 갖게 된다. 각 사건을 의미 있게 만드는 것은 임박한 그리스도의 재림이다. 실로 각 사건이 진정한 내용을 갖게 되는 것은 그 때문이다. 이 기준이 없다면 역사는 미친 광란에 불과하다…그리스도교인은 자신의 행위와 생각을 통해서 이 '도래의 사건'을 현 세상의 생활 속으로 운반해야 하는 것이다. 즉 그는 종말의 요소들을 오늘날의 실생활 속으로 운반해야 하는 것이다. 그렇게 함으로써 그는 예언자적 기능을 수행하는 것이다. 역사가들이 연구한 바처럼 이스라엘의 예언자들은 언제나 정치적 역할을 감당하였다. 그 역할은 당시의 문명에 있어서 실로 혁명적인 것이다. 성령을 받은 모든 그리스도인은 그리스도 재림의 예언자다. 그리고 바로 그 사실 때문에 그는 정치분야에서 혁명적 사명을 갖게 된다…현 상황과 실제적 사실들과 관련하여 이 세상을, 아직 존재하지 않으나 도래하고 있는 진리의 이름으로 심판하는 바로 그것이 혁명적 행동이다."

자끄 엘륄, 『세상속의 그리스도인』, 54

"그리스도를 힘입어 산다면, 즉 하나님 나라의 도래를 현실화시킨다면 진정한 혁명가인 것이다. 그는 초역사적 사실로 현재를 심판한다. 재림의 사건을 현재에 침투시키는 길만이 현 문명에서 생명을 짓누르고 있는 정치 사회적 구조들 배후에서 작용하는 죽음의 세력을 몰아내는 방법이다. … 그리스도인이 세상에서 산다는 것은 곧 혁명적인 삶을 사는 것이다."

자끄 엘륄, 『세상속의 그리스도인』, 55

역사적 상황 속에서 자신들을 발견한 사람들이 사회에서 혁명적인 기능을 수행한다는 사실을 깨닫게 되었다. 둘째 요소는 현실의 중요성이다. 그는 마르크스를 통해 우리를 둘러 싸고 있는 구체적인 일들에 커다란 중요성을 깨닫게 되었다. 셋째 요소는 마르크스가 그로 하여금 프롤레타리아 편에 서려는 결심을 하게 했다는 점이다. 마르크스에 따르면, 프롤레타리아란 단순히 돈이 없어서 가난하게 된 자를 의미하지 않고 인간의 조건에서 소외된 자들을 의미한다. 따라서 엘륄이 프롤레타리아 편에 선다는 것은 문화적이고 사회적인 모든 측면에서 소외된 사람들 다시 말하면, 기계의 명령과 도시에서의 삶에 종속되고 받아 들일 수 없는 도시 생활에서 뿌리 뽑혀진 사람들 편에 선다는 것을 의미하는 것이다.

마르크스로부터 상당한 영향을 받았던 엘륄은 그러나 두가지 측면에서 마르크스에 대해 극히 비판적이었다.[21] 첫째는 마르크스가 자신이 공격하는 사람들의 편견과 전제들에 대하여는 매우 분명한 시각을 가졌으나 그 자신의 편견과 선입견을 보는데는 실패했다는 점이다. 엘륄은 그가 그 시대의 두가지 편견의 희생자였다고 비판한다. 첫째는 진보에 대한 편견으로 모든 역사적 단계는 이전 단계보다 진보한다고 믿었다는 점과 둘째는 노동에 대한 편견인데 노동이 본질적으로 인간을 특징지우는 것이라고 믿었다는 점이 엘륄의 비판의 요소였다. 둘째로, 엘륄은 마르크스가 해답을 제시했다고 주장했으나 사실상 대답하지 못했던 몇몇 문제들에 대해 비판적이다. 즉 인간의 삶과 역사의 궁극적인 의미와 관련하여 마르크스 자신은 대답을 발견했다고 주장했으나 사실상 그는 결코 해답을 제공하지 못했다는 것이다. 다시 말하면, 마르크스는 실존적인 문제(삶과 죽음의 문제)와 실존적 진리의 문제, 즉 종교적인 영역에 있어서는 엘륄에게 어떠한 대답도 해줄 수 없었다는 것이 엘륄의 고백이다. 그가 죽음의 문제에 직면했을 때 그로 하여금 그와 같은 실존적인 문제들의 해답을 얻게 해주었던 것은 바로 성경이었다. (1932년) [22]

2. 칼 바르트 Karl Barth

엘륄의 지적인 삶에 있어서 첫 번째로 중요한 사람이 마르크스였다면 그 다음은 칼 바르트이다. 엘륄은 회심 사건 이후 10년간의 신앙적 투쟁 기간을 거쳐 프랑스 개혁교회의 그리스도인이 되었다. 그로 하여금 개혁교회를 선택하게 만든 요소는 깔뱅의 기독교강요였다.[23] 그 당시 깔뱅의 사상의 열정, 비타협적인 태도, 그리고 성경의 총체적인 사용으로 깔뱅의 생각은 엘륄을 유혹했다. 그래서 그는 깔뱅의 작품을 열심히 읽었고 얼마 동안 그의 사상을 따라갔다. 그러나 얼마후에 그는 깔뱅으로부터 떨어져 나왔다.[24] 그는 개혁주의 신학을 더 깊이 이해하게 되면서 깔뱅을 떠나는 대신 키에르케고르와 칼 바르트에게 더 가까이 접근해 갔다.[25] 엘륄은 말하기를, "바르트는 그 때 내 속에 있던 깔뱅의 흔적을 완전히 지워버리면서 나의 지적인 삶에서 두번째로 중요한 요소가 되었다. 나는 신학적으로 예정, 원죄, 그리고 보편구원의 문제에 대한 이해에 있어서 뿐만 아니라 세계와 정치에 대한 이해에 있어서도 깔뱅주의자이기를 그만 두었다"[26]고 선언했다.

엘륄로 하여금 더 이상 깔뱅주의자로 남아 있을 수 없게 한 것은 무엇보다도 바르트의 변증법이었다. 바르트의 변증법 사상은 엘륄에게 성경에 대한 명확하고 자유로운 관점을 갖게 해 주었다. 뿐만 아니라 엘륄 신학에 대한 바르트의 영향은 여러 경우에서 나타난다. 그것은 기도, 하나님의 주권, 하나님의 자유와 인간의 자유의 상호작용, 모든 사람의 보편적 구원, 성경(영감론, 말씀의 자유와 능력, 역사비평의 거부, 성경의 문화적 상대화에 대한 거부, 성경해석의 그리스도 중심성) 종교와 계시에 대한 대조, 그리스도 중심성, 그리고 인간의 주도권과 행위의 중요성에 대한 긍정 등에 관한 엘륄의 사고에서 나타난다.[27] 바르트의 영향에 대해서 엘륄 자신은 다음과 같이 분명하게 말했다. "나는 지난 20년 동안 나의 진보에 대해 재고해 볼 때, 나는 그로부터 두개의 중요한 원칙들과 하나의 '사명'을 받았던 것으로 여겨진다. 두개의 원칙들이란 자유와 보편 구원이다."[28] 바르트로부터 받았던 사명이란 보다 나은 윤리를 수립하는 것이었다. 엘륄은 계속하여 다음과 같이 말했다. "나는 바르트 신학의 윤리적 결과는 결코 이끌어 내어질 수 없다는 인상을 받았다. 나는 윤리와 정치학에 대한 그의 작품들에 만족하지 못했다. 왜냐하면, 그것들은 세계와 정치학에 대한 불충분한 지식에 근거한 것으로 여겨지기 때문이다. 그러나 거기에는 재발견된 진리의 어떤 것도 상실함이 없이 전적으로 성경에 충실한, 그러나 율법주의나 문자주의없는, 그러한 윤리를 만드는데 필요한 모든 것이 있다. 그러나 이 작업은 우리가 바르트에 의해 놓여진 토대를 보존하고 그 토대를 다시금 떠나지만 않는다면 나에게는 가능하게 여겨졌다." 이상의 사실을 통해서 우리는 바르트가 엘륄의 신학적 연구의 지속적인 원천이었음을 확인하게 된다.

이처럼 엘륄이 바르트의 영향을 지대하게 받은 것이 사실이지만 그는 무조건적인 바르트주의자는 아니였다. 말하자면, 바르트와 엘륄 사이에는 상당한 유사점이 있으면서도 동시에 둘 사이에는 적지 않은 차이점이 있다는 사실이다. 우선, 바하니안은 엘륄의 보편주의에 대한 보다 분명한 긍정, 사도바울의 권위라는 용어의 사용에 대한 엘륄의 독특한 해석, 전적 타자로서의 하나님에 대한 엘륄의 보다 강한 강조, 국가의 역할에 대한 바르트의 보다 긍정적이고 적극적인 생각 등에서 차이점이 있음을 지적한다.[29] 클렌데닌Clendenin, Daniel B.은 이외에도 보다 많은 차이점이 있음을 지적한다.30) 엘륄은 정당전쟁론을 거부한다. 노동, 죽음의 벌, 직업에 대한 바르트의 진술을 시대착오적이고 추상적이고 관념론적이라고 비판한다. 그리고 엘륄은 바르트의 엄격한 체계화에 반감을 느낀다.

요컨대, 약간의 예외가 있기는 하지만, 신학적인 차원 즉 성경해석과 교의학의 분야에서는 엘륄이 바르트에 상당히 의지하고 있으나 현대사회에 대한 사회학적 분석과 현대사회 안에서의 실천적 차원에서의 자유의 삶과 관련되는 영역에서는 바르트와 상당한 차이가 있다고 하겠다.31)

3. 죄렌 키에르케고르 Seren Kierkegaard

신학적인 영역에서 바르트 못지 않게 엘륄에게 영향을 준 또 다른 사람은 키에르케고르이다. 엘륄은 명시적으로 키에르케고르를 인용한 것 보다 더 많이 바르트를 인용한 것이 사실이다. 그러나 "엘륄은 바르트를 그의 책상 위에서 간직하고 있었지만, 키에르케고르는 그의 마음 속에 간직했다"32)고 말한 키에르케고르 학자인 버나드 엘러는 엘륄이 공감을 보인 사람은 바르트가 아니라 오히려 실존주의자인 키에르케고르였다고 주장한다.33) 이 말은 어느정도 사실이었던 것 같다. 왜냐하면, 엘륄은 다음과 같이 말하고 있기 때문이다. "약 1933년 경, 나는 키에르케고르를 읽기 시작했다. 내가 그를 읽을 때마다 놀라왔다. 매번 그는 내가 생각하고 있는 것을 말하고 있었다. 키에르케고르를 발견한 후에, 나는 깔뱅과 그리고 난 후 바르트를 읽었다. 깔뱅은 불가능했다! 나는 깔뱅만을 연구하는데 40년대 초반을 모두 보냈다. 나는 그것에 대해 아주 즐겁지 못했다. 나는 깔뱅의 논의 방식에 빠져 들 수 없었다. 그는 교사였다. 그러나 키에르케고르가 나의 마음 속으로 들어왔는데 그것은 사실이다."34) 그러기에 엘륄과 키에르케고르를 읽는 사람은 곧 바로 두 사람의 언어와 사상의 유사성을 발견하게 된다는 것이 버나드 엘러Vernard Eller와 D. W. 길Gill의 주장이다.35)

버나드 엘러는 몇가지 점에서 양자의 유사성을 언급했는데36) 대개는 그 유사성들이 "철저한 그리스도인 제자도"의 전통 안에서 발견될 수 있는 것이라고 주장한다. 그에 따르면, 우선, 엘륄이 자신의 변증법이 체계화될 수 없다고 하면서 '체계'나 '해결'을 제공하기를 거부한 것은 키에르케고르의 변증법 이해를 선택한 것이다. 그리고 양자는 매우 성경적으로 방향정위方向定位 되어 있다는 사실과 성경 사용의 방식에 있어서 매우 비슷하다. 또한 양자는 그들의 담화가 사상(중심적이라기 보다는 삶)중심적이고 37) 지적인 이론 보다는 역사적 실재에 관심을 가지며, 교리를 규정하기 보다는 행동을 변화시키는 것을 지향한다는 점에서 '실존적'이라고 불려질 수 있다. 그들은 주관성과 개인과 열정을 강조하는 점에서도 비슷하다. 엘륄은 주장하기를, "우리의 희망은 개인으로부터 전체적인 주관성으로부터 출발하는데 있다."38) "자유의 윤리는 개인적 사람들 안에서 개인적 행위에 의해서만 설명될 수 있다."39) "이 철저한 주관성은 본질적인 것으로 여겨지는 인간의 세가지 열정(창조의 열정, 사랑의 열정, 놀이의 열정)들을 알려 줄 것이다."40) 끝으로, 양자의 일치점은 '세상에 대한 불일치'이다.

이상의 사실을 통해 우리는 엘륄의 사상이 바르트 이외에 키에르케고르라는 비옥한 토양에서 육성되어졌음을 확인하게 된다.41)

4. 베르나르 샤르보노와 쟝 보스크

이미 살펴 보았듯이, 바르트와 키에르케고르는 엘륄의 신학 사상을 형성하는데 지대한 영향을 끼쳤던 사람들이다. 그러나 이제 우리는 이 두 사람의 사상에 접하게 해주었던 또 다른 두 사람을 언급하지 않으면 안된다. 그들은 바로 우정을 매우 소중하게 여겼던 엘륄에게 친구였던 베르나르 샤르보노Bernard Charbonneau와 쟝 보스크Jean Bosc이다. 이 두 사람은 상당한 정도로 엘륄에게 많은 영향을 주었다. "그들이 없었다면 나는 존재할 수 없었다"42)고 엘륄이 말할 정도이다. 엘륄이 약 14살 때 만났던 친구인 샤르보노는 엘륄의 학문연구와 사상의 방향을 설정하는데 있어서 결정적인 영향을 주었다. 한마디로, 그는 엘륄의 사상과 연구의 출발점이었다. 그는 엘륄에게 마르크스 사상의 본질적인 많은 요소를 볼 수 있도록 눈을 열어 주었다. 더욱 중요한 것은 그가 사회의 본질을 이해하게 해주었다는 것이다. 그는 아주 구체적인 방식으로 우리 시대의 가장 큰 연구 주제들 중에 하나인 기술의 노선에 엘륄을 연결시켜 주었다. 뿐만 아니라 그는 엘륄의 인생 전체에 걸쳐 비판적인 양심의 역할을 해주었다.

엘륄의 나이 22살 내지 23살에 만났던 친구인 쟝 보스크는 엘륄에게 아주 막대한 영향을 주었다. 그는 엘륄을 칼 바르트의 사상으로 인도해 주었다. 그 외에도 많은 영향을 주었는데 그는 특별히 엘륄에게 하나님의 가장 친밀하고 신실한 증인이 되어 주었다. 쟝 보스크는 믿을 수 없을 만큼 기독교인의 권위를 소유하고 있었다. 그는 도덕적인 엄격함을 사랑의 감정과 또한 정직과 의로움을 타인의 모든 약함과 결점에 대한 이해와 결합시켰다. 한마디로 그는 엘륄에게 있어서 하나님의 사랑의 임재와도 같았다.

요컨대, 쟝 보스크가 엘륄의 신앙의 기초였다면 샤르보노는 그의 지성의 기초였으며, 쟝 보스크가 엘륄의 신학적 연구의 방향을 제공했다면, 샤르보노는 특별히 사회학 분야에서 영향을 주었다고 할 수 있을 것이다.[43]

Ⅲ. 엘륄의 윤리 방법론

1. 변증법적 방법

　엘륄의 윤리 방법론은 한마디로 변증법적 방법이라고 할 수 있다. 그는 이 점을 그의 작품들 속에서 분명히 밝히고 있다. 그는 자신의 기독교윤리 작품 중 첫번째 책인『원함과 행함』의 머리말에서 다음과 같이 말했다. "나는 … 이 연구에서 나의 사상의 표준은 성경의 계시이고, 나의 사상의 내용도 성경의 계시이며, 출발점도 성경의 계시에 의해 공급되며, 방법은 성경 계시가 우리에게 주어지는 방식인 변증법이라는 사실을 고백한다."[44] 엘륄은 또한 "나의 두 지적인 기원이 칼 마르크스와 칼 바르트에게 있기 때문에 변증법은 나에게 있어서 중심적인 것이다."[45]

"나의 작품 속에 변증법이 있다는 것은 사실이다. 그리고 우리가 살고 있는 세상 속에서 변증법적 성격을 갖지 않은, 지식 상정과 지식 획득의 수단들은 없다는 사실을 내가 점진적으로 발견했다는 점에서 변증법은 전적으로 중심적이다. …내가 일하고 생각했을 때 나는 모든 것을 변증법적 방식으로 해석할 필요가 있다는 사실을 인식하게 되었다."46) "나는 무엇보다도 변증법학자dialectician이다. 나는 어떤 것도 변증법적 분석없이 이해될 수 있는 것은 없다고 믿는다"47)라고 말했다. 이상의 사실을 통해서 우리는 엘륄이 얼마나 변증법적 방법에 몰두하고 있는가 하는 사실을 확인하게 된다.

엘륄의 변증법적 방법은 칼 마르크스, 죄렌 키에르케고르, 칼 바르트에게 그 뿌리를 두고 있는 것이 사실이다. 그러나 엘륄이 변증법에 매달리는 궁극적인 근거는 성격 자체가 참된 변증법을 내포하고 예시해주고 있다는 그의 확신에 있다. 그러면 엘륄이 묘사하는 변증법의 일반적인 의미와 성경의 변증법을 살펴본 후에 그의 작품에 나타나는 변증법의 의미를 살펴 보기로 하자.

먼저, 일반적 의미를 살펴 보자.48) 변증법은 'dialogue'의 경우와 같이 ' 함께 말하다 '는 뜻의 희랍어 'dialogein'에서 온 말이다. 여기서 'dia'는 거리 또는 모순의 의미를 지니고 있다. 따라서 변증법이란 대화의 기술, 질문과 대답을 통해 사고를 발전시키는 기술(논리 추론의 한 방식)일 수 있다. 그러나 그것은 또한 그 이상의 의미를 지닌다. 그런데 그것은 역사적으로 볼 때 여러가지 상이한 방식으로 규정되고 사용되어져 왔다는 사실로 인해 그 의미가 무엇인가를 파악하는 데 어려움이 있다. 일반적으로 말한다면, 변증법에는 두 측면이 있다고 엘륄은 말한다. 하나는 관념의 변증법이고 다른 하나는 실재의 변증법이다. 전자가 정, 반, 합의 고전적 도식을 따라 작용하는 관념의 활동을 의미한다면, 후자는 긍정적인 것과 부정적인 것을 포함하는 바, 실재를 파악하는 지적知的인 방식을 의미한다. 그러나 실재를 파악하는 한 방식으로서의 변증법은 실재 자체가 이미 변증법적 성격을 지닌다는 사실을 전제한다. 실재는 긍정적인 것과 부정적인 것을 포함한다. 그것은 서로를 배제하지 않고 공존하는, 모순되는 것들을 포함한다. 이 말은 다시 말하면 부정적인 것이 긍정되어야 한다는 것을 의미한다.[49] 엘륄에게 있어서 모순, 도전, 부정적인 것의 나타남은 변화와 진보를 일으킬 수 있는 유일한 것이다. 이 요소가 상황의 변혁을 수반한다. 그러므로 활발한 사고의 체계는 다른 것을 배제함이 없이 긍정yes과 부정no을 모두 고려해야 한다.[50] 이렇게 해서 엘륄에게 있어서 변증법이란 실재에 대한 묘사이고 동시에 실재에 대한 이해의 방식(사고의 방식 또는 지식의 방식)으로서 "변증법은 모순되는 것들을 배제하지 않고 포함하는 하나의 과정"[51]이며 "반대되는 것들의 공존"[52]인 것이다.

　엘륄에 따르면, "변증법적 사고만이 성경적 계시를 적절하게 설명할 수 있다. 왜냐하면, 그 계시는 그 자체가 근본적으로, 그리고 본질적으로 변증법적이기 때문이다."[53] 또한 그는 "성경에는 두개의 모순이 함께 있는 한에 있어서만 계시가 존재한다"[54]고 설명하기도 한다. 그는 그의 작품들을 통해 성경에 나타난 변증법의 실예를 여러가지로 설명하고 있는데 "변증법에 관하여"라는 글에서 설명한 다섯 가지 실예들을 중심으로 살펴 보자.[55]

첫째로, 시간과 역사 너머에 계시는 하나님이 인간의 역사 안으로 들어 오신 사실이다. 하나님의 명령-불순종-심판-화해의 과정 속에서 인간에 대한 하나님의 관계를 전개하심이 그런 것처럼 성육신은 변증법을 가장 잘 표현하고 있다. 즉 하나님은 한 인간으로 성육신하셨지만 여전히 전적 타자로서 남아 계시는 분이시다. 둘째로, 약속과 성취의 지속적 갱신 가운데 있는, 종말론적 이미already와 아직 아님not yet의 변증법이 있다. 세째로, 모든 자와 남은 자 사이의 변증법적 관계이다. 선택의 축소와 만물의 회복과 만인의 보편 구원에 있어서의 확장 사이에 있는 변증법적 관계이다. 네째로, 바울은 오직 은혜만으로의 구원과 인간의 행위 사이의 변증법을 표현해주고 있다. 엘륄에 따르면, 바울의 신학은 본질적으로 변증법적이다. 다섯째로, 역사와 종말의 관계이다. 한편으로, 역사는 심판과 재난을 향해 나아가고 있다. 그러나 다른 한편, 역사는 엄청나게 중요하다.

전술했던 변증법의 일반적 의미는 엘륄의 작품들 속에서 특별한 형태로 나타난다. 그것은 한마디로 변증법적 대결의 방법이라고 할 수 있다. 이 대결은 곧 사회학과 성경의 대결이요 사회정치적 분석과 신학적, 성경적 분석의 대결이다. 이것은 인위적이거나 철학적인 종합에 이르는 것을 거부한다.[56] 왜냐하면, 현대 세계의 진보(기술적 진보)와 성경의 계시 내용 사이에 모순[57]이 있기 때문이다. 이처럼 이 두 요소(성경과 세상)는 모순되고 화해할 수 없는 것이지만 그러나 분리될 수 없다. 다만 양자 사이에는 상호 비판의 차원만이 있을 뿐이다.[58] 엘륄은 이 변증법적 대결의 과정이 어떻게 그의 작품의 본질적인 구조를 규정짓게 되었는가를 다음과 같이 설명했다. "내가 시험적인 지성의 틀 속에서 착수했던 작품은 점진적으로 더 좋은 구조를 취했다. 그것의 전체는 대비적 구성 a composition in counterpoint이다. 나의 모든 사회학적 분석은 성경적 또는 신학적 분석에 의해(응답의 의미가 아니라 다른 변증법적 축을 지시한다는 의미에서) 대답되어진다."[59] "영적인 언급이 없이 현대 사회를 통일성있게 연구하는 것이 불가능하고 또한 우리가 살고 있는 세상에 대한 언급이 없이 신학 연구에 종사하는 것이 불가능하다는 사실에 대한 확신에 다다른 만큼, 나는 처음부터 그 둘 사이의 연결성을 발견할 필요에 직면해 있는 나 자신을 발견했다. 그리고 이 연결은 변증법적 과정이외의 다른 어떤 것일 수 없다."[60]

2. 현실주의

전술한 대로 엘륄의 윤리 방법론은 변증법적 방법이다. 이 개념은 그의 방법론을 포괄적으로 설명해주는 총괄개념이라고 여겨진다. 왜냐하면, 나머지 두가지 방법론의 설명은 모두 변증법적 방법론에서 연유하는 것이기 때문이다. 이런 전제 아래 그의 윤리 방법론은 또한 현실주의이다. 이것은 엘륄이 사회학자로서 사회학적 분석을 할 때의 특징이다.[61]

그리스도인은 사회윤리와 관련하여 해야 할 첫번째 일은 사실을 최대한 분명히 정확하게 포착하기 위하여 현실주의적으로 되는 일이라고 그는 주장한다.[62] 그에게 있어서 현실주의는 그리스도인이 사회에 대하여 사고하는 필수적인 기초이다. 그는 이 말을 두가지 의미로 사용한다. 첫째로, 그것은 사물을 있는 그대로 철저히 파악하는 것을 의미한다. 이것은 마르크스의 영향이

엘륄이 말하는 현실주의의 의미

"현실주의는 우리 분석의 안쪽에 있는 그대로의 환경을 관찰하고 해명하는 것과 관련되어 있다. 사실 있는 그대로의 현실을 보지 못하게 하는 우리의 편견과 해석의 틀과 싸우는 것인데 이는 의식화된 삶을 살기 위함이다"

프레데릭 호농, 「자끄 엘륄, 대화의 사상」, 242

라 할 수 있다. 즉 마르크스는 엘륄에게 우리가 살고 있는 물질적 조건에 대한 엄격하면서도 엄밀하게 과학적인 연구의 필요성을 확신시켰던 것이다. 둘째로, 현실주의는 자기가 무엇을 하고 있는가를 분명히 아는 것을 의미한다. 더 나아가 그것은 자기가 왜 그것을 하고 있으며, 그 결과가 어떻게 될 것인가를 정확하게 알 것을 요구한다. 이처럼 그리스도인은 사물을 있는 그대로 보아야 하는 것이 첫째되는 일이다. 그러나 주의해야 할 것은 그것으로부터 행동의 원리를 끌어 내서는 안된다는 사실이다.

3. 기독교 철저주의 christian radicalism

엘륄의 윤리 방법론의 세번째 특징은 기독교 철저주의이다. 이것은 엘륄이 신학자로서의 역할을 하면서 취하는 특징이다.[63]

이 말로서 엘륄이 의미하는 바는 기독교란 그 계시된 전체(문화적, 철학적 혹은 어떠한 종류의 편의나 적응없이 절대적으로, 변동없이

엘륄이 말하는 기독교 철저주의의 의미

"그것으로서 나는 기독교란 그 계시된 전체-문화적, 신학적 혹은 어떠한 종류의 편의나 적응없이 절대적으로, 변동없이 수용된-로서 받아들여야 한다는 것을 의미한다."

자끄 엘륄, 『폭력』, 170

수용된)로서 받아들여져야 한다는 사실이다.[64]

여기서 강조되는 것은 기독교를 전적 타자의 계시로 파악한다는 사실과 따라서 기독교 신앙은 절대적으로 비타협적이어야 한다는 사실이다.

Ⅳ. 엘륄의 윤리의 기본개념

1. 윤리에 대한 비판

 윤리의 전통적인 관심은 선the good에 있었다. 엘륄은 성경적인 기독교의 관점에서 볼 때, 선이란 자연적으로, 일반적으로, 추상적으로, 혹은 선험적으로 알려질 수 있는 독립적 실재가 아니라고 주장함으로써 윤리에 대한 그의 비판을 시작한다. 오히려 선은 예수 그리스도 안에서 하나님과의 일정한 관계 안에서 알려지는 하나님의 뜻과 하나님의 명령이다. 그래서 그것은 구체적이고 명확한specific 것이다. 이렇게 해서 그는 선이란 어떤 규범적 윤리 논의를 넘어서 있는 무도덕적nonmoral 가치의 개념으로 생각되어져야 한다고 주장한다.[65]

엘륄에 따르면, 도덕[66]의 기원은 타락과 밀접한 관계가 있다. 타락이 있기 전 아담은 선악이 있는지조차 알지 못했다. 그 때에는 윤리의식이란 것이 없었고 윤리라는 것도 존재하지 않았다.[67]

엘륄이 말하는 선의 의미

"성서에서 선은 하나님보다 앞서지 않고 선은 하나님이 아니며 오직 하나님의 뜻^{의지}이다. 하나님이 바라는 것은 모두 선하다… 선 그 자체가 하나님의 뜻을 정하는 것이 아니라 하나님의 뜻이 선을 결정한다. 하나님의 의지 없이 선은 없다….선은 하나님이 주고 제시한 것이다.^{미 6:8} 그러므로 인간이 자기 스스로를 통해서 선을 발견하려는 것은 금물이다. 인간은 하나님의 말씀을 들을 때에만 선하게 행동할 수 있다. 인간이 하나님으로부터 들은 것은 명백하게 이것이다: '그것은 그리스도 안에서 하나님이 거저 택하셨다는 기쁜 소식이다…인간의 선한 행위는 전적으로 하나님의 선한 행위 안에 거한다. 그것은 예수 그리스도에 의해 정해진다…선을 행한다는 것은 은혜의 계시에 따른다는 것 이상도 이하도 아니다.'"

자끄 엘륄, 『원함과 행함』, 10

"선이란 따라서 하나님의 결정을 받아들이는 것이다. 그럼에도 불구하고 자기를 사랑하신다는 것을 믿는 것이다. 어떤 것이든 하나님의 뜻이면-설사 아벨을 더 좋아하시는 것이 그 뜻이라 해도- 받아들이는 것이 선이다. 선, 그것은 하나님의 뜻에 동의하는 것이며, 그로 인해 분노와 실망과 악을 이기는 것이다. 이것은 하나님의 뜻을 판단 없이 사랑할 때 가능하다."

자끄 엘륄, 『원함과 행함』, 24-25

이러한 선악의 의식이 없이 다만 하나님과의 직접적인 사랑의 관계만이 있었다. 그랬던 것이 사탄의 개입과 더불어 상황이 돌변했다. 즉 아담은 그의 불순종으로 말미암아 이전에는 없었던 선악에 대한 의식과 하나님처럼 선악을 결정할 능력을 갖게 된 반면, 하나님과의 교제는 없어지게 되었던 것이다. 이제 아담은 선이 있다는 것을 알고 그것을 자신의 의지로 결정하게 되었으나 그 선은 더 이상 하나님의 선은 아니였다. 그는 이제 알면서 모르게 되었다.

엘륄에 의하면, 본래 선과 악을 구별하는 것은 하나님의 소관이었다.[68] 성경에서 선은 하나님보다 앞서지 않고 선은 하나님이 아니며 오직 하나님의 뜻이다.[69] 선이란 하나님의 뜻(의지) 이외의 다른 것이 아니다. 선이란 하나님이 결정하는 것 이상도 이하도 아니다. 다시 말하면, 선 자체가 하나님의 뜻을 결정하는 것

에밀 브룬너가 말하는 선의 의미

"선 그 자체는 없다. 하나님이 원하시고 행하시는 것, 그것이 선이다. 하나님의 뜻에 거스르는 것, 그것이 악이다. 선은 하나님의 뜻에서만 그 근거와 존재를 갖는다…사람의 선이란 하나님의 행동에 자기를 내어 맡기는 것 이외의 다른 것이 아니다. 그것이 성서에서 말하는 신앙이다. 그리고 그 신앙이 도덕의 근거다."

양명수, 『기독교사회정의론』, 41

이 아니라 하나님의 뜻이 선을 결정한다. 아울러 선이란 계시하시는 하나님이 선을 말씀하실 때 그 하나님의 뜻을 받아들이는 것이다. 즉 하나님의 말씀에 따른, 인간의 하나님에 대한 태도이다. 더 나아가 선은 하나님과의 관계의 결과로, 그 관계에 따른,

> **엘륄이 말하는 죄1**
>
> "왜냐하면 인간이 선한 것을 결정하는 행위, 선한 것을 스스로 알려고 하는 행위, 그것이 죄이기 때문이다. 따라서 죄란 도덕윤리에의 불복종이 아니라 하나님에게서 벗어나 도덕윤리을 만들려고 하는 의지, 즉 탐욕이면서 동시에 권력의지인 그 의지 자체가 죄인 것이다."
>
> 자끄 엘륄, 『원함과 행함』, 15

> **엘륄이 말하는 죄2**
>
> "내가 사람들이 선하지 않다고 말할 때 내가 기독교적 혹은 도덕적인 관점을 취하는 것은 아니다. 내가 말하고 있는 것은 사람들의 두 가지 큰 성격이, 그들의 사회나 교육이 어쨌든 간에, 탐심과 권력욕이라는 사실이다. 우리는 언제나 어디서나 이러한 특성을 발견하다. 우리가 사람들에게 선택할 수 있는 완전한 자유를 준다면, 그들은 어쩔 수 없이 어떤 사람이나 어떤 것을 지배하려고 할 것이며, 어쩔 수 없이 다른 사람에게 속한 것을 욕심을 낼 것이다. 그리고 탐심이라는 이상한 모습은 탐심이란 결코 누그러뜨리거나 만족될 수가 없다는 것인 바, 이는 탐심이란 일단 한 가지가 얻어지면 즉시로 다른 것에 주의를 돌리기 때문이다."
>
> 자끄 엘륄, 『무정부와 기독교』, 29

인간의 인간에 대한 태도이다.[70] 요컨대 엘륄에게 있어서 선이란 철저하게 하나님과의 관계에서만 존재하게 된다. 그렇다면 인간이 하나님을 벗어나 선한 것을 결정하는 행위는 곧 죄일 수 밖에 없으며 선악을 결정하고자 하는 도덕이란 곧 죄 또는 불순종의 산물로서 규정될 수 밖에 없다.[71] 이렇게 해서 도덕은 타락의 질서의 문제이며 필연성의 질서의 문제이다. 그리고 바로 여기에 도덕의 본질이 있다고 엘륄은 설명한다.[72]

도덕은 타락의 질서 속에 위치해 있기 때문에 필연성의 질서 안에 참여하게 되어 있다. 이것은 무슨 뜻인가? 우선, 필연성의 개념에 대한 엘륄의 규정을 보면, 그것은 "인간이 어쩔 수 없이 그렇게 하는 것"[73]이고 "불가피성"이다. 그렇다면, 도덕이 필연성의 질서 안에 참여한다는 것은 도덕이 이미 불가피성, 또는 제약에 참여하고 있다는 것을 의미한다.[74] 말하자면, 인간이 만든 도덕(또는 선)이란 역사적, 지리적, 심리적 환경에 의해 지배를 받게 되어 있으며 또한 환경에 대한 저항의 성격을 가지는 도덕이 그 기능을 발휘할 때조차 그 기능은 기존 환경(조건)과의 관련하에서만 가능한데 이것이 곧 필연성에 속한다는 의미인 것이다. 그러기에 인간이 만든 윤리체계나 선의 개념은 한 개인을 지배하는 사회적, 생물학적 결정체의 이데올로기적 표현일 수 밖에 없다. 이런 점에서 인간은 결코 영원하고 변하지 않으며 보편적인 선을 설정할 수 없다.

전술한 대로, 모든 도덕 문제에는 제약 조건이 자리잡고 있고 근원적으로는 도덕이 성경의 선과 철저히 대립되는 것이라면, 도덕이 가지는 의미는 무엇인가? 엘륄에 의하면, 도덕은 타락의 질서, 필연성의 질서에 속한 것이지만 역시 질서의 한 부분이다. 즉 "그것은 무nothingness가 아니고 불합리한 것도 아니고 부조리한 것도 아니다. 그것은 하나의 질서이고 하나의 조직, 하나의 안정성이다. 그것은 생명과 창조를 유지하는데(상대적으로) 필요한 것은 무엇이든지 포함한다."[75] 도덕은 바로 그렇게 필요한 것들의 한 부분이다. 따라서 도덕은 유용하다. 결국, 인간은 도덕(선악의 규정, 의무체계) 없이 살 수 없으며 사회 역시 도덕없이 존속할 수 없다.[76] 이렇게 해서 우리는 엘륄의 윤리 개념(또는 작업) 자체에 대한 부정과 긍정의 변증법적 성격을 확인하게 되며 이것은 기독교윤리에 대한 이해에도 역시 동일하게 적용된다.

2. 기독교윤리의 불가능성과 필요성

엘륄은 "기독교윤리에 대한 고찰은 먼저 기독교윤리는 불가능하다는 것, 기독교윤리는 존재할 수 없다는 것, 계시는 윤리와는 반대방향이라는 것, 기독교윤리를 건축하는 행위는 하나님의 계시에 대한 침해이며 사기라는 것 등을 인정하고 시작해야 한다"[77]고 주장한다. 기독교윤리의 정립이 그처럼 불가능한 이유는 모든 윤리란 선을 결정하는 것이기 때문이다. 이미 밝힌 바 있듯이 선이란 하나님의 뜻이다. 그런데 하나님의 뜻이란 오직 계시를 통해서만 앎이 가능하고 그 계시란 언제나 살아 있는, 현재적인 말씀이기에 그것은 언제나 새로우며 따라서 체계화되거나 분석될 수 없다. 이렇게 하나님의 뜻이 인간을 벗어나 있다면, 결국, 하나님의 뜻을 윤리체계로 정립하는 것이란 가능할 수 없다는 것이다.[78]

엘륄은 기독교윤리의 정립 불가능성의 이유를 또한 그리스도인의 삶의 특성에서 찾는다. "그리스도인의 삶이란 성령의 행하심과 인도하심이 없이는 이루어질 수 없다. 이처럼 우리의 삶에 하나님의 개입이 필연적으로 요청된다면, 거기서도 기독교윤리를 체계화하려는 의도는 무산된다"[79] 성령이 역사하시지 않는다면 우리는 하나님의 뜻과 명령을 이해할 수도 없을 뿐만 아니라 과거 성령의 도우심으로 깨달았던 말씀이기에 지금도 이해하고 있다고 한들 성령의 역사가 없다면 그 말씀을 다시는 실행할 수 없는 것이다. 이렇게 그리스도인의 삶이 성령의 역사에 대한 복종의 삶인 한, 그것은 윤리체계와는 거리가 멀 수 밖에 없고 따라서 그리스도인은 미리 건축된 모든 객관적인 도덕 체계를 거부할 수 밖에 없는 것이다.[80] 이렇게 볼 때, 윤리적 관점으로는 똑같은 행동, 똑같은 생각, 똑같은 결정이라 해도 그것이 성령의 인도하심을 따른 것이냐 아니냐에 따라 하나님 앞에서의 평가란 달라지게 되며 따라서 기독교윤리는 철저히 헛된 것이다.[81] 이와 같이 기독교윤리의 정립이 불가능하다면, 기독교 또는 계시된 진리는 근본적으로 반윤리라고 할 수 있다.[82]

그러나 다른 한편, 기독교윤리는 불가피하다. 은혜나 성령을 지나치게 강조할 때 순전히 초월적인 신학이 나타나게 되는데 그것은 세가지 방향으로 발전될 가능성을 갖는다. 첫째는 인간을 성령의 직접적이고 즉각적이고 영구적인 행위 아래 두려는 경건주의이고, 둘째는 세상문제에 대한 무관심주의(이것은 상대적인 것을 중시하지 않는 데서 오는 결과이다)이고, 셋째는 세상 문제에 대한 지나친 관심(이것은 기독교는 세상 문제에 대해 직접 말할 것이 없으므로 세상의 도덕과 정치에 맞추어 정립된 행동양태를 따르면 된다고 생각하는 데서 오는 결과이다)이다.[83] 엘륄은 바로 이러한 세가지 이단을 피하기 위해서 기독교윤리의 정립이 불가피하다고 주장한다.

첫째로, 성령의 힘만 의지하면 된다고 하는 사람들의 경우 어떤 사람들은 우리가 아직 하나님의 나라에 있지 않다는 것, 교회도 역시 사회학적 법칙의 지배를 받고 있는 인간 사회라는 것, 그리스도인은 역사 속에 있으며 거기서 말과 삶으로 복음을 증거해야 한다는 사실을 잊고 있다. 그러나 교회 역시 인간 사회이고 그리스도인 역시 역사 속에 개입되어 있다는 사실을 잊어서는 안된다. 바로 그런 상황이 윤리를 필요로 하면서 동시에 가능하게 해준다.[84] 또한 하나님이 침묵하실 때, 성령의 명백한 명령이 없을 때 우리는 이웃과 교회의 도움을 필요로 하게 되는데 이 때 도움이 되는 것이 교회가 세운 윤리이다. 말하자면, 하나님이 새롭게 말씀하실 때까지의 침묵의 상황은 하나님의 명령의 일관성에 근거한 윤리를 필요로 한다는 것이다. 엘륄은 이것을 윤리의 보충적 역할 또는 본래적 역할이라고 부른다.[85]

둘째로, 그리스도인은 오직 절대적인 계시만을 중요시하고 상대적인 것은 경시하는 경향이 있을 수 있다. 그러나 우리는 계시가 우리를 세상과의 새로운 관계로 인도하고 우리를 세상에 대해 구체적인 책임성의 자리에 세운다는 점을 인정한다. 다시 말하면, 계시란 우리에게 절대적 명령으로 다가 오지만 동시에 세상에 대해 책임성을 요구하는 구체적인 명령으로 다가온다는 것이다. 그러나 절대적 명령은 곧 바로 세상에서의 구체적 책임성의 실현으로 이어지는 것은 아니다. 바로 여기에 윤리의 역할이 요구된다. 요컨대 윤리는 그리스도인으로 하여금 절대적인 요청을 구체적인 문제에 적용하게 하고 상대적인 인간사를 성실하게 다루도록 해주는 것이다.[86]

이상에서 우리는 상호 모순되는 기독교윤리의 불가능성과 필요성이 양립가능하다는 엘륄의 주장을 살펴 보았다. 이것은 무엇보다도 그의 계시에 대한 변증법적 이해에서 기인하는 것이라 할 수 있다. 즉 한편으로는 엘륄의 사고의 출발점이요 표준이 되고 있는 계시의 절대성에 대한 이해가 그로 하여금 모든 윤리를 철저하게 비판하게 함으로써 기독교윤리의 불가능성을 주장하게 했지만 또 다른 한편으로는 구체적인 현실에서의 책임있는 응답을 요구하는 계시의 요구적 성격에 대한 이해가 그로 하여금 다시금 기독교윤리의 필요성을 주장하게 했다고 할 수 있다.

3. 기독교윤리의 기초로서의 자유

엘륄은 일반 윤리를 다루고 그리고 나서 특수 윤리를 다루는 일반적인 방식을 채택하지 않겠다고 선언한 바 있다. 그는 계속해서 『자유의 윤리』의 서문에서 이렇게 말한다. "예수 그리스도와의 관계와 그것으로부터 유래해야 하는 행동에 의해 구성되는 삶의 통일성의 관점에서 볼 때, 윤리를 결혼과 국가와 같은 제도들, 문명, 자연, 또는 그 밖에 응답을 요구하는 모든 것들에 의해 제기되는 일련의 구체적 문제들로서 간주하는 것은 나에게는 신학적으로도 합리적으로도 지지할 수 없는 것으로 보여진다. 그와는 반대로, 윤리는 그리스도와의 관계로부터 나와야 한다."[87]

이 말은 엘륄의 윤리에 대한 접근이 그리스도중심적으로 방향정위되어 있음을 잘 보여준다. 이미 그는 기독교윤리 입문서인 『원함과 행함』을 쓰면서 "그리스도인의 윤리는 다름아닌 예수 그리스도의 인격과 그를 구세주요 주님으로 믿는 인격과의 관계이다."88) "그리스도인의 윤리는 예수 그리스도의 인격을 거점으로 그리스도인의 독특성을 신앙 안에서 표현하는 것이다"89)라고 밝힘으로써 이 점을 강조한 바 있다. 이런 까닭에 그는 모든 시대, 모든 장소에서 적용될 수 있는 윤리에 관한 체계적 원리들을 수립하는데 관심이 있지 않다.90)

그와는 반대로 그는 그리스도인으로 하여금 그리스도에 의해 해방되어졌다는 사실의 의미를 보게 하는데 관심이 있다. 즉, 성령의 역사하심으로 인한 그리스도 안에서의 삶을 살아 가게 하는데 관심이 있다.

그리스도인의 삶이란 바울이 묘사했듯이, 신앙과 희망과 사랑의 삶이다. 여기에 근거하여 엘륄은 그의 윤리를 써가려고 계획했다. 이 계획에 대하여 그는 이렇게 말한다. "그리스도인의 삶의 영역은 이것들의 각각에 상응하는 것같다. 그리고 모든 문제는 이 세 덕의 관점으로부터 파악되어질 필요가 있다. … 그러므로 나에게는 희망은 자유의 윤리에 상응하고 신앙은 거룩의 윤리에, 사랑은 관계의 윤리에 상응하는 것으로 여겨진다. 희망이 처음에 오지는 않는다 할지라도 1960년에 나는 자유의 윤리를 쓰고자 결심했다. 왜냐하면, 나는 자유가 모든 기독교윤리의 위치요, 조건이요, 활동무대라는 사실과 거룩과 관계는 자유에 기초해서만이, 그리고 자유의 작용을 통해서만이 가능할 수 있다는 사실을 점차로 확신하게 되었기 때문이다."91)

그는 자유가 기독교윤리에서뿐만 아니라 그의 삶에서도 역시 중심적인 위치를 차지하고 있음을 후에 이렇게 밝히고 있다. "자유는 나의 삶과 나의 작품의 중심에 위치하고 있다. 내가 행했고 경험했고 생각했던 것은 그 어떤 것도 그것이 자유에 비추어 고려되지 않는다면 이해되지 않는다. 먼저, 이것이 그러한 이유는 성경에 계시된 하나님이 무엇보다도 해방자이시기 때문이다. 그는 자유를 위해 창조하신다. 그런데 인간들이 그와의 관계를 깨뜨릴 때 하나님은 이 독립의 행위를 존중하신다. 유일한 문제는 형이상학적인 자유의 문제가 아니라 우리가 예수 그리스도 안에서 하나님에 의해 해방되었다는 사실을 어떻게 확신하느냐 그리고 어떻게 이 자유를 살아가느냐 하는 것이다. 이런 사실에서 바로 자유의 윤리가 나타난다."[92] 이렇게 해서 우리는 그의 윤리가 곧 자유의 윤리임을 확인하게 된다.

성경 계시에 대한 엘륄의 이해에 따르면, 하나님은 본래 인간을 자유로운 피조물로 창조하셨다. 그래서 타락하기 이전, 아담은 자유가운데서 살았다. 그러나 아담의 타락으로 인해 인류는 사탄의 영향하의 예속의 상태가운데 놓이게 되었다. 이 타락의 산물이 바로 소외요 필연성이다.[93] 따라서 타락으로 인해 모든 인간은 필연성의 실재를 피할 수 없게 되었다. 다시 말한다면, 인간은 세상과 인류는 심리적, 법적, 사회적, 정치적, 경제적 속박들의 전체적인 네트워크없이는 살아갈 수 없게 된 것이다. 이렇게 해서 인간은 타락의 순간부터 자유의 영역에서 필연성의 영역으로 옮겨지게 되었다.[94] 그러나 그리스도는 그의 오심과 죽으심과 부활을 통하여 아담에 의해 상실된 전적인 자유를 회복할 수 있게 해주셨다. 그 모든 것들은 그리스도의 자유의 행위였고 모든 속박과 필연성의 세력들을 분쇄하는 행위였다. 그리스도의 오심으로 모든 것은 변화되었다. 바로 그리스도를 통해서 필연성의 세상에 자유와 해방이 오게 된 것이다. 이 사실을 엘륄은 이렇게 말하고 있다. "그리스도가 우리를 위하여 행하신 것은 무엇보다도 우리를 자유롭게 만드신 것이다. 인간은 하나님의 영을 통하여, 주님께로의 회심을 통하여 자유롭게 된다. 이것이 진정한 자유에 이르는 한 길이다. 그래서 자유를 가진다는 것은 필연성에서부터 탈피하는 것이요 자유롭게 된다는 것은 필연성에 대항하여 싸우는 것을 의미한다."[95] 이상의 사실을 통해 우리는 엘륄의 자유개념이 필연성의 개념과 대립된 상응개념으로서, 철저하게 그리스도 중심적으로 이해되고 있음을 보게 된다.

그러면 그가 말하는 자유란 무엇을 의미하는가? 자유에 대한 바른 이해를 위해 먼저 자유에 대한 그릇된 이해들을 살펴보기로 하자.[96]

첫째로, 엘륄은 자유란 천부적인 것이라는 주장을 거부한다. 오히려 그는 인간은 태어날 때부터 죄와 기술이 만든 포괄적인 폐쇄 체계에 속박되어 있기 때문에 자유하지 않다고 주장한다.

따라서 자유는 본유적本有的인 것이 아니라 파생적이요 획득되는 것이며 "밖으로부터" 오는 것이다. 둘째로, 엘륄에게 있어서 자유의 문제는 형이상학적인 문제가 아니다. 오히려 그것은 윤리적 또는 실존적인 것이다.[97] 세째로, 엘륄은 자유란 선택하는 단순한 능력이 아니라고 주장한다. 우리는 물론 결정하고 선택한다. 그러나 엘륄은 이것을 "의사擬似결정"이라고 부른다. 그에 따르면, 그리스도인의 자유란 자유가 단순히 선택으로 이루어진다는 진부한 개념을 넘어서는, 창조적인 개념이다. 네째로, 엘륄에게 있어서 자유는 결코 집단적인 것이 아니라 다만 개인적인 것이다. 그는 "자유는 실로 개인적인 행위이고 삶의 스타일이다. 집단적인 자유는 없다. 그리스도는 인간 또는 인류 일반을 해방시키지 않으셨다"[98]고 주장한다. 다섯째로, 엘륄은 하나님이 주시는 자유라 할지라도 자유는 순수하고 절대적이고 영원한 것이라는 생각을 거부한다. 왜냐하면, 그리스도인의 자유란 최종적인 종말의 때까지는 충분히 완전한 것이 아니기 때문이다. 그러므로, 자유는 "단번에 확립되는 것이 아니며 언제나 재정복되고 상실되고 모험이 되어져야 한다."[99] 결국, 자유는 영속적이고 안정된 것이 아니라 깨지기 쉬운 것이다. 여섯째로 자유는 활동이 없이 가만히 있는 것이 아니다. "자유는 수수방관하는 것도 아니고 하나님으로 하여금 일하게 하는 것도 아니다. 자유는 하나님의 뜻을 아는 것이요 행하는 것이다." "죄, 육, 세상에 대한 순종이 속박이요 소외라고 하면, 하나님의 뜻에 대한 순종이 자유이다 그이외에는 어떤 것도 자유일 수 없다."[100] 또한 자유는 자동적인 특권이 아니라 믿는 자에게 책임성을 부과하는 어떤 것이다. "하나님을 위한 자유는 인간이 하나님 앞에서 책임적 존재가 된다는 것을 의미한다."[101] 일곱째로, 엘륄은 자유는 단순히 외적, 구체적인 속박과는 무관한 내적 또는 순수히 "영적인" 경험과 같은 어떤 것이 아니라고 주장한다. 참된 자유는 삶의 모든 것 즉 영적이고 물질적인 것을 포함하는 것이다. 여덟째로, 엘륄에게 있어서 자유는 속박, 제한, 필연성의 전적인 부재를 의미하지 않는다. 그것은 단순히 자율성 또는 우리가 원하는 것은 무엇이든지 행할 능력이 아니다. 오히려 그것은 필연성과의 변증법적인 긴장 속에서만 존재한다. 그러기에 엘륄은 "자유는 이 결정론을 극복하고 초월하는데 존재한다. 자유는 그것이 필연성에 관련되어 있지 않는다면, 그리고 필연성에 대한 승리를 나타내지 않는다면, 완전히 의미가 없다"[102]고 말한다.

이제 엘륄이 말하는 자유의 의미를 다시금 정리해보자. 우선적으로 엘륄에게 있어서 자유란 "밖으로부터" 즉 하나님으로부터 오는 것이다. 더 구체적으로 말하면, 그것은 그리스도의 해방하시는 사역을 통해서 하나님으로부터 오는 것이다. 그러기에 그리스도의 사역에 참여함이 없이는 사람은 자유로울 수 없다. 다르게 말하면, "자유란 그의 마음과 입술로 예수 그리스도를 주와 구세주로서 고백하는 자에게만 존재한다"103)고 할 수 있다. 이렇게 해서 자유란 그리스도인의 삶의 본질을 이룬다. 엘륄의 말대로 "자유없이는 그리스도인의 삶이란 없다."104) 결국, 우리는 모든 인간의 자유의 근원을 오직 하나님과 그리스도의 해방하시는 사역과 그 사역에의 참여에서만 찾을 수 있을 것이다.

그렇다면 하나님께서 오직 그리스도를 통해서만 부여하시는 이 자유란 우리를 무엇으로부터 자유하게 하는 것이며 또한 무엇을 위해 자유하게 하는 것인가? 먼저 그리스도께서는 우리를 예속시키는 외적이고 내적인 모든 속박으로부터 자유하게 하신다. 한편으로, 그리스도는 "권세들"105)의 외적인 속박과 필연성의 결과들로부터 우리를 자유하게 하시고 다른 한편으로, 그는 "육"106)으로 특징지워지는 죄의 개인적인 속박으로부터 우리를 자유하게 하신다. 이렇게 모든 외적, 내적 속박으로부터 우리를 자유하게 한 이 자유는 이제 우리로 하여금 "이중의 방향"a double orientation을 지향하게 한다. 하나는 하나님의 영광이고 다른 하나는 이웃사랑이다.107)

모든 속박으로부터의 자유는 첫째로 하나님-섬김을 위해 부여된 것이다. 무엇보다도 "자유는 하나님을 위한 자유이고 하나님을 섬기기 위한 자유이다."108) 엘륄은 바르트를 따라 이 "하나님-섬김은 기도, 고백(신앙의 고백), 거룩한 날109), 성경 읽기 안에서 나타난다"110)고 말한다. 말하자면, 하나님이 우리에게 주시는 자유란 기도를 위한(하나님을 향한) 자유이고, 고백을 위한(인간을 향한) 자유이며, 하나님의 은혜로운 주되심을 축하하기 위한 자유이고 성경을 읽고 거기에 경청하기 위한 자유인 것이다.[111] 이러한 자유는 다르게 말하면, 하나님의 영광을 위한 자유이다. 엘륄에게 있어서 하나님을 영화롭게 한다는 것은 그의 참된 본성을 우리가 사는 방식으로 다른 사람에게 나타내는 것을 의미하며 그의 뜻 곧 그의 사랑을 우리의 모든 행동과 결단 속에서 드러내는 것을 의미한다.[112] 바로 이러한 하나님의 영광에 대한 수직적인 관계가 없이는 자유는 아무 의미도 가치도 없다.

다음으로, 자유의 두번째 방향은 이웃사랑이다. 그에 따르면, 사랑한다는 것은 나의 동료 인간을 위해 이웃으로서 존재하는 것, 나의 관심보다는 이웃의 관심을 앞세우는 것, 이웃을 괴롭게 하지 않는 것을 의미한다. 즉 사랑은 다른 사람에게 유익되고 덕스럽게 하는 것을 선택하는 것을 의미한다.[113] 이상의 내용에 근거해서 엘륄은 이렇게 말한다. "만일 우리가 사랑 안에서 그리고 영광을 위해서 살아간다면, 우리는 자유 안에 있고 그렇지 않다면, 자유는 존재하지 않는다."[114]

V. 엘륄의 윤리적 관심사들

1. 기술윤리

1) 기술사회

 엘륄의 사회분석에 관한 작품들에서 중심 개념 key concept은 의심할 여지 없이 기술 Technique이란 용어이다. 그가 기술현상에 관심을 갖게 된 것은 그의 친구 샤르보노를 통해서였다. 샤르보노는 일찍이 1934년에 기술이야말로 우리가 살고 있는 시대에 결정적이고 본질적인 요소라는 점을 주장하기 시작했으나 그에 합당한 반응을 이끌어 내지는 못했다. 그러나 그 이후 엘륄은 사회에서의 기술의 영향을 분석해 감에 따라 기술은 우리 시대를 설명하는데 가장 결정적인 요소라는 것을 깨닫게 되었다.[115]

그는 많은 프랑스 사회학자들이 기술은 우리가 살고 있는 새로운 환경이라고 확신하면서도 그들 중 누구도 그런 현상을 분석하거나 거기로부터의 어떤 추론도 이끌어 내지 않았다고 지적하면서 하나의 환경으로서 기술현상을 분석했다. 그에 따르면, 인간이 살아 온 환경은 자연적인 환경에서 사회적 환경을 거쳐 기술적 환경으로 변화되었다.[116] 인간에게 있어서 첫번째 환경은 자연적 환경이었다. 그것은 "아직 조직화된 사회도 없고 자연과의 직접적인 접촉이 지속되던 선사시대의 환경이었다." 자연은 사냥과 채집으로 살아 가는 인간에게 식량을 제공해주었으며 동시에 야생동물들의 위험과 식량부족같은 위험을 인간에게 주었다.

그러나 인간은 그러한 자연적 환경에 대항하여 스스로를 보호할 새로운 방법을 찾아 내었는데 그것이 곧 사회의 형성이었다. 이것은 역사시기와 더불어 출현하였으며 그 시기는 인간이 집단을 이루고 기술을 이용하면서 스스로를 보호하고 자연을 길들이는데 성공했던 약 7천년 전에 시작된 시기였다. 그 당시의 기술들은 다만 수단과 도구들이었다. 그것들은 편만하지도 않았다. 이렇게 사회는 인간의 생활의 영위가 가능하게 했던 환경이었지만 다른 한편 인간에게 위험을 가져다 주는 것으로 변하였다.

세번째 환경인 기술적 환경은 이제 실제로 사회를 대신했다. 자연의 정보와 사실들은 기술에 의해 사용되거나 매개되고 인간은 기술에 의해 자연으로부터 소외될 뿐만 아니라 사회와 관계하는 것 역시 기술에 의해 중재되고 형성되었다. 그런데 이 기술은 18세기까지의 기술이 가지는 특성들은 더 이상 찾아 볼 수 없을 정도의 새로운 기술이다.[117] 분명한 것은 이제 우리는 자연과 사회 모두에 대해 관계할 때 역시 기술을 매개로 해야 할 만큼, 기술이 중요하게 되었다는 점이다. 이렇게 해서 우리가 사는 오늘의 사회는 기술이 사회 내의 지배적인 요소이며 결정적인 요소가 되어진 기술 사회가 되어진 것이다.

그러면 엘륄의 사회분석에서 핵심적인 개념인 기술이 의미하는 바는 무엇인가? 그는 먼저 기술에 대한 일반적인 오해를 지적한다. 엘륄에 따르면, 일반적으로 기술의 세계 하면, 기계의 세계로 이해되고 있는데 이것은 잘못된 생각이다. 왜냐하면, 기술은 물론 기계와 더불어 시작되었지만, 오늘날 기술은 거의 완전하게 기계와는 분리되어 있기 때문이다. 즉, 오늘날 기계는 기술에 전적으로 의존해있고 기계는 다만 기술의 일부만을 나타내는 상황이 되었다는 것이다.[118] 또한 기술은 과학의 응용이며 과학은 순수한 사색이기 때문에 기술은 물질적 실체와 과학적 공식 간의 접합점으로 간주된다는 견해는 잘못된 것이라고 그는 지적한다. 왜냐하면, 역사적으로 볼 때 기술은 과학보다 우선해왔기 때문이다. 물론 기술은 과학이 출현한 후에 비로서 발전, 확대되기 시작한 것은 사실이다. 그러나 역사적으로 볼 때 기술은 과학보다 선행해 있었고 그러기에 과학과 기술간의 관계는 바뀌어져야만 한다는 것이 엘륄의 주장이다.[119] 그렇다면, 엘륄이 말하는 기술의 의미는 무엇인가? 그에게 있어서 "기술이란 인간 활동의 모든 분야에서 절대적인 효율성에 이성적으로 도달된 방법들의 전체와 그 절대적 효율성을 가지고 있는 방법들의 전체이다."[120] 다르게 말하면, 그것은 가장 기본적인 수준에서 볼 때, 방법 즉 일정한 목적을 달성하기 위해 사용된 수단 또는 수단의 총화라고 할 수 있다.[121]

엘륄은 오늘날의 기술현상을 분석하는 가운데 기술은 몇가지 특징들을 가지고 있음을 지적한다. 우선 두개의 본질적인 특징이 있는데 하나는 합리성이고 다른 하나는 인위성이다. 엘륄은 이 특징들은 너무 분명하고 이미 강조된 것들이므로 긴 설명의 필요성을 느끼지 않는다. 여기서는 현대기술의 특징으로 자동성, 자기확장성, 일원론, 보편주의, 자율성에 대해 살펴 보기로 하자.[122]

첫째로, 기술적 선택의 자동성이다. 기술이란 여러 방법들 가운데 가장 효율적인 방법을 선택하게 되는 자기 방향성을 가지고 있는데 이를 엘륄은 자동성이라 부른다. 이런 방식으로 기술은 어떠한 예외나 논의의 여지도 없이 사용될 수단을 선택한다. 반면에 인간은 더 이상 무엇을 선택할 수 없다.

둘째로, 자기확장성이다. 이것은 하나의 기술이 기하급수적이고 취소할 수 없는 진행방식으로 또 다른 기술을 발생시키는 것을 의미한다. 다시 말하면, 기술은 스스로의 이유나 인과율들을 가지고 자신을 증대시킨다. 이러한 기술의 발전에 있어서 개인의 역할은 점점 덜 중요하게 되고 인간의 자율성은 점점 더 줄어 들게 된다. 이렇게 해서 기술은 인간 위에 군림하게 된다.

세째로, 일원론이다. 이것은 모든 개별적인 기술들이 하나의 전체로 통합되고 기술현상이 어디에서나 본질적으로 동일한 특성을 나타낸다는 것을 의미한다. 여기서 엘륄은 그와 관련하여 모든 다양한 형태의 기술들이 서로 결합되기 때문에 어떤 하나의 현상으로만 고립되는 것은 불가능하다고 주장한다. 따라서 다양한 기술들은 상호의존적이다.

네째로, 보편주의이다. 이것은 오늘날 기술현상이 보편적인 현상이 되었음을 의미한다. 지리적인 관점에서 기술은 모든 국가에로, 끊임없이 그 입지를 넓혀가고 있고 그 활동영역은 전 세계적이라는 사실을 우리는 쉽게 알 수 있다. 역사의 과정에서 볼 때 과거에는 각기 다른 문명의 원칙이 있었으나 오늘날은 모든 문명들이 기술적 원칙을 따라 가고 있다. 그 결과 가장 고전적인 사회학자들도 인정하듯이 비서구문화는 점차로 붕괴되고 있으며 기술은 또한 사회의 형태를 해체하고 도덕적 토대를 파괴하며 공동체 의식 및 인간 관계를 파괴하고 있다고 엘륄은 진단한다. 결국, 기술은 모든 문명 안에서 손대지 않고 그냥 내버려 두는 것

이 하나도 없을 만큼, 전체주의적이 될 수 밖에 없다는 것이 엘륄의 주장이다.[123]

다섯째로, 자율성이다. 이것은 기술이 자신의 규칙과 논리를 따른다는 것을 의미한다.[124] 우선 기술은 경제와 정치와 관련하여 자율적이다. 오늘날 경제나 정치는 어느 것도 기술발전을 결정하지 못한다. 오히려 기술이 사회적, 정치적, 경제적 변화를 야기시키며 변화시킨다. 다음으로 기술적 자율성은 도덕적 가치와 관련하여 자율적이다. 기술은 어느 것으로부터의 판단을 허용치 않으며 어떠한 제재도 받아들이지 않는다. 이제 기술은 그 자체가 선이고 도덕적인 것의 판단기준이 되고 새로운 도덕을 만드는 창조자가 될 만큼 기술은 진실로 자율적이 되었다. 끝으로, 기술의 자율성은 인간과 관련하여 자율적이다. 기술의 자기 확장성과 관련해서 기술이 점점 더 인간과는 독립적으로 자기 자신의 과정을 추구하게 된다는 것은 이미 살펴 본 바이다. 그러나 기술의 자율성은 여기서 끝나지 않는다. 즉 수학적으로 정확한 결과를 얻기 위해 기계는 인간의 모든 가변성과 융통성을 제거한다. 결국, 기술의 자율성으로 인해 오늘날 인간은 그의 목적을 선택할 수 없듯이 수단도 선택할 수 없고 자기의 운명을 자기가 선택하지 못하게 되었다.

이제 기술 분석의 핵심적인 문제가 되는 기술의 자율성의 중요한 결과들을 살펴 보기로 하자. 첫째로, 엘륄은 기술이 가지는 특별한 권세의 특성을 강조한다. 그는 말하기를, "기술의 자율성은 기술이 가지고 있는 특별한 중요성을 설명해준다. 그것은 어떤 방향이나 특성이나 구조를 가지고 있지 않은, 일종의 중립적인 것neutral matter이 아니다. 그것은 그 자신의 특별한 힘force을 부여받은 하나의 권세power이다. 그것은 그 특수한 의미에 있어서 그것을 사용하는 의지들과 그것을 위해 의도된 목적들을 굴절시킨다"125)고 주장한다. 따라서 우리는 기술을 이용하게 될 때 기술의 목적의 자율성과 특수성 그리고 그 규칙들의 전체성을 받아 들여야 하며 우리 자신의 소망은 어떤 것도 바꿀 수 없다고 엘륄은 주장한다.

두번째 결과는 기술의 자율성이 기술로 하여금 비신성화의 기능을 하게 하며 동시에 자신을 신성화하게도 한다는 점이다. 우선, "기술은 아무 것도 예배하거나 존경하지 않는다. 그것은 한 가지 규칙만을 가지고 있다. 즉 외관을 벗기고 모든 것을 드러내고 이성적 사용으로 모든 것을 수단으로 바꾸는 것이다."126) 그렇게 해서 "기술은 신성한 것을 점령하고 그것을 예속시킨다. 신성한 것은 저항할 수 없다."127) 이것이 기술의 비신성화 작업이다. 그러나 기술은 거기서 끝나지 않는다. 다른 모든 것을 비신성화하고 난 기술은 그 다음으로 자기 자신을 신성화시킨다는 사실이다. 엘륄에 따르면, 기술 환경 속에서 살아 가고 있는 인간은 어떤 곳에서도 영적인 것, 신성한 것은 없다는 것을 잘 알고 있다. 그러나 인간은 신성한 것이 없으면 살 수 없다. 따라서 인간은 그 이전 신성한 것을 파괴했던 바로 그것을 다시금 신성한 것의 대상으로 삼는다는 것이다.[128] 이것이 바로 엘륄이 기술을 비판하게 되는 기술의 우상적 종교성이다.[129]

이상의 몇가지 특성들을 가진 기술은 그로 말미암아 우리 시대에 심각한 문제로 여겨지는 두가지 결과를 초래했다고 엘륄은 주장한다. 하나는 주체의 억압이고 다른 하나는 의미의 억압이다. 첫번째 결과는 주체의 억압이다. "기술은 객관화하는 힘이다. 만일 어떤 사람이 자동차 운전을 제대로 배웠다면 그가 어떤 사람인가 하는 것은 중요하지 않다. 운전자가 누구이든 문제가 되지 않는다. 그러나 주체는 기술의 틀에서 순수한 주체적 환상에 빠져 있을 수만은 없다. 기술이 요구하는 대로 행동해야 한다. 주체를 억압하는 요소는 … 한 인간 존재와 옆에 있는 다른 인간 존재 사이의 신체적 관계를 요구하는 전통적인 인간 관계를 변화시킨다. 그 결과 인간 관계는 소원해진다. … 이 소원한 관계에서는 사실 주체가 없다. 기술은 주체의 억압을 초래한다"는 것이 엘륄의 주장이다.[130]

두번째 결과는 의미의 억압이다. 그는 이렇게 말한다. "존재의 목적은 점차로 수단의 지배에 의해 소멸되는 것처럼 보인다. 기술은 수단이 극도로 발전한 것이다. 기술 세계에서 모든 것은 하나의 수단일 뿐이며 실질적으로 목적은 사라져 버린다. 기술은 어떤 것을 달성하기 위해서 발전하지 않는다. 그것은 수단의 세계가 발전해 왔기 때문에 발전한다. 기술이 그렇게도 광범위하게 그 힘을 확대시킴에 따라 존재의 의미, '내가 왜 살아 있는가?' 하는 의미에 대한 억압이 생겨난다."[131]

2) 기술 사회와 기독교

엘륄은 자신의 기술 사회 분석을 통해서 오늘의 서구 사회와 현대 인간은 기술에 의해 야기된 모든 문제들에 직면해 있는데 이것은 모든 인류에 대한 도전이라고 진단한다. 엘륄에 따르면, 그런 상황 속에는 두가지의 모순들이 내포되어 있다.[132] 첫번째 모순은 그 문제들과 도전에 부딪칠 때 인간은 무능력하게 된다는 점이다. 즉 그 위험은 엄청나고 그 문제는 복잡한데 비하여 우리 인간은 그것을 다룰 방법을 가지고 있지 않다는 점이다. 두번째 모순은 점차로 강력해지고 있는 규율들에 우리 모두가 복종해야 한다는 점이다. 엘륄은 바로 이런 우리 시대의 모순들이 우리 사회의 특징인 걱정과 신경과민의 상황을 야기시키고 있다고 밝힌다. 그렇다면 인간의 상태는 절망적인가? 그것을 대처해 나갈 방법들은 없는 것인가? 여기서 엘륄은 오늘의 상황에 대한 판단 기준의 문제를 다루는 가운데 그 해답을 찾고자 한다.

만약 비교점이나 가치의 척도를 가지고 있지 않다면 우리는 아무 것도 판단할 수 없을 것이다. 비판이란 단지 우리로 하여금 상황에 대해 판단할 수 있도록 해주는 하나의 안정된 기준을 가지고 있을 때만이 가능하다는 말이다. 그런데 인간 존재 그 자체는 비판적 준거점이 될 수 없다. 왜냐하면, 인간은 표류하는 실재이기 때문이다. 이렇게 본다면 표류하며 변동이 많은 실재들이란 그것이 무엇이든지 비판적인 준거점이 될 수는 없을 것이다. 준거점을 찾기 위해 기억해야 되는 또 하나의 사실은 관찰자의 위치가 파악하고자 하는 현상 외부에 있지 않고 그 현상의 내부에 속해 있다면 비판의 관점을 갖는 일이란 불가능하게 된다는 사실이다.[133] 그렇다면 무엇이 이런 요건을 충족시키는 적절한 비판적인 준거점이 될 수 있는 것인가? 엘륄은 기독교 계시가 비판적인 준거가 될 수 있다고 주장한다.

그는 이제 바르트를 따라 기독교 계시와 기독교 종교와의 구별을 전제하여 기존 기독교와 기술 사회와의 그릇된 관계와 기독교 계시와 기술 사회와의 바람직한 관계를 설명한다. 먼저 그는 바르트를 따라 기독교 종교와 기독교 계시를 구별한다. 그는 바르트가 일찌기 그의 초기 신학에서 강조한 바 있었던 하나님의 전적 타자성, 하나님과 인간과의 질적인 차이, 그리스도 계시의 배타성 등을 다시금 강조함으로써 하향적인 하나님의 계시와 상향적인 종교가 대립 관계에 있음을 주장한다. 이런 전제하에 엘륄은 기독교의 역사를 통해 기독교의 계시와 신앙이 기독교 종교로 변질되는 일이 항상 일어났다고 비판한다. 그런데 이 변질은 기술 때문에 그 어느 때보다도 더욱 심각하다는 것이 그의 진단이다. 그는 이러한 변질을 세가지 측면에서 지적한다.[134]

첫째로, 기술이 기독교를 내적인 삶, 영성, 영혼의 구원으로 축소시켰다는 점이다. 이것은 사회와 모든 사람들의 삶이 의존하고 있는 중요한 일들을 이루어 가고 지식과 방법과 수단과 힘을 발전시키는 것은 기술이기에 다른 모든 것은 중요하지 않으며 그래서 종교적 감정이 필요하다면 그것은 영적인 영역에 머물러 있어야 한다는 편만한 생각으로 인해 생겨난다.

둘째로, 기술이 기독교에 침투해 있다는 것이다. 예컨대 기독교를 전파하기 위해 기술들을 사용하고 있는데 선전과 광고 기술들이 그 실례이다. 기독교에 대한 기술 침투의 또 다른 예는 성경을 분석하기 위해 사용된 구조 언어학이다. 기술의 중요한 영향 가운데 하나가 의미 전체를 죽이는 일인데 구조언어학에 의해 흥분된 신학자들은 실제로 성경의 의미를 죽이고 있다는 것이다.

세째로, 사람들은 기술 발전에 우리가 책임지고 있다는 희망으로 종종 기술에 대하여 끝없이 칭찬을 한다는 사실과 관련된 변형의 측면이다. 사람들은 기술의 위대한 업적들을 절대적이고 무조건적으로 칭찬함으로써 기술에 대한 종교적인 태도를 지니게 되었고 결과적으로 사람들은 계시가 아닌 다른 어떤 것을 향한 신앙을 가지게 되었다는 사실이다. 이상은 엘륄이 지적하는 기술 사회에 적응하고 타협한 변질된 기독교의 모습이다.

그러나 엘륄은 기독교 계시와 신앙이 종교와 대립되는 것이라면, 그것은 그와는 전혀 다른 기능을 지닐 수밖에 없다고 주장한다.[135] 첫째 기능은 체계 내에 포함되어 있지 않은 준거점, 곧 비판적인 관점을 제공해준다는 점이다. 초월적인 존재는 모든 것을 포괄하는 기술체계에 속해 있지 않기 때문에 우리 자신이 처해 있는 세계를 평가해 볼 수 있도록 해준다. 즉 체계에 대한 비평을 가능하게 해주는 외적인 관점을 제공해준다는 것이다. 따라서 우리는 기술체계를 피할 수 있기 위해서 초월적인 존재를 필요로 한다. 또한 유일한 초월자만이 기술체계 안에서 인간에게 자유를 보장해준다. 왜냐하면, 성경의 하나님은 무엇보다도 자유케 하시고 해방시키시는 하나님이기 때문이다.[136]

기독교 신앙의 두번째 기능은 현실이 아무리 어렵다 하더라도 절망하지 않고 있는 그대로 현실을 볼 수 있는 가능성을 우리에게 제공해주었다는 점이다. 여기서 엘륄은 인간의 역사가 아무리 비극적이라 하더라도 궁극적으로는 하나님의 나라에 이르게 된다는 사실과 인간의 모든 행위들은 하나님의 행위와 재결합되리라는 사실을 확신하고 있기 때문에 자신은 비관주의자가 될 수 없다고 밝히면서 결과적으로 볼 때 자신은 우리가 살고 있는 현실을 매우 진지하게 다룰 수 있다고 주장한다. 그도 그럴 것이 기독교의 계시는 기술 분석에 의해 제기된 고통에 대한 해답일 뿐만 아니라 현대 인간의 고통에 대한 해답이 되기 때문이다.

기독교 계시의 세번째 기능은 하나님의 나라라는 목적을 지니기 시작하면서 우리의 행동 뿐만 아니라 수단도 구별하고 평가해야만 한다는 것을 상기시켜 주는 것이다. 하나님의 나라는 우리가 사용하는 수단 속에 이미 여기에 현존한다. 그러므로 우리는 이러한 수단들이 하나님 나라의 현존을 담지하는지 아닌지를 알아야 한다. 이런 점에서 기독교 신앙은 무한히 성장하는 수단의 이 무제한적 성격을 거부하게 만든다. 이상이 기독교가 기술 사회에 대하여 가져야 할 바람직한 관계에 대한 엘륄의 입장이다.

그러면, 계시의 담지자들인 그리스도인들이 기술 사회에서 담당해야 할 과제란 무엇인가? 엘륄은 이 과제를 세가지로 정리한다.[137] 첫째로, 그리스도인은 기술을 거부해서는 안된다는 점이다.[138] 요한계시록에 의하면, 모든 족속들의 영광이 새 예루살렘에 들어갈 것이라고 말하고 있으며 모든 족속들의 영광에는 기술도 포함되는 것이기에 우리의 태도는 반기술적인 것이 아니라 오히려 기술에 대한 비판적인 수용의 태도이어야 한다는 것이다. 여기서 비판의 과제란 계시의 관점에서 과학과 기술을 비판하되 특별히 기술의 신성화된 종교적 특징을 파괴해야 하는 과제를 말한다. 둘째로, 그리스도인들은 기술사회에서 야기된 고통에 빠진 이들과 신경과민에 시달리는 이들, 그리고 우리의 역사와 미래를 위한 희망의 담지자가 되어야 한다고 엘륄은 말한다. 희망을 담지하는 것은 다르게 말하면, 우리에게 오늘을 살 용기를 주는 것을 의미한다. 세째로, 그리스도인들은 이 기술사회에서 자유의 담지자가 되어야 한다는 것이다. 다시 말하면, 그리스도인은 자유의 담지자로서 인간의 자유를 위한 운동에 참여해야 한다는 것이다.

3) 현대기술문명과 그리스도인

엘륄에게 있어서 현대문명이란 기술문명을 의미한다. 그는 현대문명에 대한 이해는 기술의 관점에서 목적과 수단의 관계를 파악함으로써 그 이해의 실마리가 풀어진다고 본다.[139] 이런 관점에서 그는 현대문명의 특징을 세가지로 설명한다.[140] 현대문명의 첫번째 특징은 오늘날의 모든 것은 수단이 되어졌다는 사실이다. 심지어 인간조차 이제는 수단이 되어버렸다. 그는 다음과 같이 말한다. "더 이상 목적은 존재하지 않는다. 우리는 어디로 가고 있는지를 모른다. 우리는 우리의 집단 목표를 상실했고 커다란 수단만을 갖고 있다. … 목적은 수단에 의해 소멸되었다." "세상이 전체적으로 수단에게 넘기워졌다. 백년 전에 목적이었던 것이 이제 수단이 되어졌고 심지어 수단의 수단이 되어졌다." "고삐풀린 수단의 광란 속에서 우리는 우리가 어디로 가고 있는지를 모르고 있고 삶의 목적은 상실되었으며 목적은 뒷전으로 밀려났다. 인간은 방향도 없이 무서운 속도로 나아 가고 있다."

두번째 특징은 수단은 자신을 정당화한다는 점이다. 즉 수단을 정당화하는 것은 수단 그 자체라는 사실이다. 그도 그럴 것이 우리의 시대에서는 성공하는 것, 효과적인 것, 효율적인 것이라면 그 모든 것이 다 정당화되기 때문이다. 그러기에 성공하는 것이면 무엇이든지 선한 것good이요 실패하는 것이면 무엇이든지 나쁜 것bad으로 여겨진다. 이 자기 정당화의 과정은 세가지 결과를 초래한다. 첫째 결과는 인간은 더 이상 그의 수단의 주인이 되지 못한다는 것이다. 둘째 결과는 기술이 삶의 전 영역으로 확장된다는 것이다. 세번째 결과는 기술이 제공하는 독점적인 수단에 대하여 인간이 제시하는 목적은 분명히 소용없거나 부적절하다는 것이다. 즉 수단이 이미 정당화되어진 순간부터 수단은 더 이상 목적을 필요로 하지 않는다는 사실이다.

  세번째 특징은 수단이 전체주의적이라는 점이다. 엘륄은 수단의 전체주의를 두가지로 나누어 설명하는데 첫째 양상은 수단의 배타성이다. 즉 수단은 자신의 발전에 적합하지 않고 또 도움이 안되는 것이면 무엇이든지 배제하며 더 나아가 그 발전을 위협하는 모든 것을 파괴한다는 사실이다. 이렇게 해서 기술은 도덕적인 판단을 공격하게 되어진다. 수단의 전체주의의 두번째 양상은 수단이 그 영역을 점차적으로 모든 것 – 즉 기술에 종속된 물질적 대상 만이 아니라 인간 자신– 에로 확장시킨다는 사실이다. 이제 인간은 더 이상 주체가 아니다. 그는 그가 만든 세력들의 대상이 되어졌다. 인간은 자기 통제력을 얻기 위해서 자신을 알려고 하지 않는다. 다만 자신이 사용되도록 하기 위해서 자신을 알려고 한다. 더욱 문제가 되는 것은 수단의 지배력이 영적인 영역에까지 침투했다는 점이다. 즉 이제는 영적인 문제 역시 사용해야 할 수단의 문제가 되어버린 것이다.

이상의 사실로 인하여 현대문명은 완전히 수단이 목적을 삼켜버린 수단의 문명이며 또한 현 시대의 전 세계적 재난 -전체주의로 인한 전쟁들, 독재정권들, 행정적으로 조직화된 기근, 사회기관들과 개인적 삶의 완전한 도덕적 붕괴, 사람들에게 전혀 도움이 안되는 엄청난 부의 증대, 국가나 개인들의 통제하에 인류의 대다수가 노예화되는 현상, 인간의 비인간화 등- 은 우연도 불운도 아닌 우리 문명의 근본 구조의 불가피한 산물이라는 것이 엘륄의 주장이다.[141]

그러면, 현대문명이 안고 있는 문제를 해결하는 길은 무엇인가? 그것은 현대 문명이 갖고 있는 기본적인 틀을 근본적으로 바꿈으로써만 가능하다고 엘륄은 주장한다. 말하자면, 현대문명은 철저한 변혁 즉 혁명을 필요로 하고 있다는 것이다. 그런데 지금까지의 모든 혁명들은 현대 문명에 대한 진정한 혁명을 이루지 못했다. 왜냐하면, 현대문명의 본질적인 기초를 그대로 받아 들이며 현 세상의 방법을 그대로 사용했기 때문이다. 결국, 우리의 문명은 세상의 보존을 위해 진정한 혁명을 필요로 하지만 어떠한 혁명을 통해서도 우리의 문명에 대한 철저한 변혁을 이루어 내지 못함으로써 문명의 위기에 처해 있다고 하겠다.

그렇다면, 현대 문명의 암담한 상황을 바꾸는 변혁의 길을 어디에서 찾을 수 있으며 현대 문명에 대한 진정한 혁명의 길을 어디에서 찾을 수 있을까? 엘륄은 기독교의 계시와 그 계시를 담지한 그리스도인에게서 그 길을 찾을 수 있다고 주장한다. 즉 문명의 틀 자체를 본질적으로 바꾸는 변혁의 작업 곧 혁명은 그리스도인의 신앙을 통해서만 가능하다는 것이다. 물론 과거 역사에서 그리스도인들이 별로 혁명적이지 못했던 것이 사실이지만 그렇다고 해서 기독교의 혁명성이 소멸되는 것은 아니다. 왜냐하면, 그리스도의 활동과 성령의 역사가 끝난 것이 아니기 때문이다. 엘륄은 기독교 신앙의 혁명적 성격의 조건을 두가지로 설명한다.[142] 첫째 조건은 '그리스도인은 두 왕국에 속해 있다'는 사실이다. 말하자면, 다른 나라에 거주하는 어떤 나라의 시민의 경우처럼, 그리스도인은 이 세상에 살고 있지만, 다른 나라에 속해 있는 사람이라는 사실이다. 예컨대 프랑스에 살고 있는 중국 사람이 중국 식의 전통을 따라 판단하고 행동하는 것처럼, 그리스도인은 이 세상에서 살고 있지만, 이 세상의 사고 방식이 아니라 그가 속해 있는 다른 나라의 기준을 따라 판단하고 행동하도록 되어 있으며 또한 현재 살고 있는 나라에 충성하지 않고 자기 나라에 충성하는 외국 거주자의 경우처럼, 그리스도인은 이 세상의 군주가 아니라 자기가 속해 있는 나라의 주인에게 충성하게 되어 있다는 이 그리스도인의 특수한 상황이 그로 하여금 현대 문명에 대한 철저한 변혁을 가능하게 만들어 준다는 것이 엘륄의 주장이다. 이런 사실로 인하여 그리스도인은 사람들이 진보, 사실, 진리라고 하는 것에 대하여 끊임없이 의문을 제기하게 되며 (또한 그래야 한다.) 그리고 이 세상에 대하여 본질적으로 혁명적일 수 밖에 없게 된다는 것이다. 이렇게 함으로써 그는 이 세상 속에서 자신의 소명에 충실하게 된다고 엘륄은 주장한다.

둘째 조건은 예수 그리스도의 영광스런 재림의 약속이다. 그리스도인의 삶이 혁명적일 수 있는 두번째 이유는 그리스도인이란, 시간의 끝과 심판을 수반하고 하나님 나라를 선포하는, 그리스도의 재림을 기다리는 사람이라는 사실에 있다. 즉 그리스도인이란 현재의 세상이 중단되는 종말을 기다리는 미래의 사람이라는 사실이 그로 하여금 이 문명에 대해 혁명적인 삶을 살게 한다는 것이다. 다시 말하면, 그리스도인은 재림의 사건, 종말의 요소를 현재의 실제적 세상 속에 가져 옴으로써(하나님 나라의 미래를 현실화함으로써) 현대 문명에서 생명을 짓누르는 정치, 사회적인 제도들의 죽음의 세력을 몰아 내는 혁명적인 사명을 수행하게 된다는 것이다. 이와 같이 종말이 우리의 유일한 기준이 될 때 나타나는 결과는 무엇인가?[143] 그렇게 된다면 무엇보다도 우리의 문명이 쌓아 올린 거대한 수단들이 전례없이 흔들리게 될 것이다. 우선 우리의 수단들이 목적이 없다는 사실이 드러나게 될 것이고 다음으로 이 세상의 모든 수단들이 제 위치를 찾게 될 것이다.

이상의 사실을 통해서 엘륄은 그리스도인만이 이 세상의 방식과는 구별되는 기독교 고유의 새로운 삶의 방식을 창조할 수 있고 그럼으로써 인간 행동의 참된 방향과 현대 문명의 방향을 제시할 수 있다고 주장한다.[144]

여기서 우리는 엘륄이 그리스도인의 독특한 삶의 방식과 혁명적인 입장을 말할 때 그가 그것을 단순히 행동의 차원의 문제로 언급하고 있지 않다는 점을 주목할 필요가 있다. 즉 그는 그리스도인에게 있어서 중요한 것은 행동하는 것이 아니라 사는 것이고 행동이 아니라 삶이라고 주장하고 있다는 사실이다. 우리의 세상(오늘의 기술사회)은 오직 (실용적) 행동만(행동지상주의)을 지향하고 있는데 그리스도인은 그들과는 달리 행동에 사로잡혀 있어서는 안되고 영적으로 살아 있어야 한다는 것이다. 삶의 의미를 잃어 버린 문명 속에서 그리스도인이 할 수 있는 가장 유익한 일이란 바로 사는 것이라는 점을 그는 강조하고 있는 것이다.

그러면, 그에게서 (영적으로) 산다는 것이 의미하는 바는 무엇인가? 그것은 하나님과 대면해 있는 인간의 전 상황을 의미하며 또한 그것은 그 깊이를 헤아릴 수 없는 진리를 따라 사는 것을 의미한다. 여기서 진리란 하나님의 형상대로 지어진 인간이 범죄

함으로 하나님의 공의로운 심판을 받았으나 그리스도의 대속의 죽음을 통하여 특별한 존재가 되었다는 사실을 가리킨다. 다시 말하면, 각 영혼은 거룩의 삶 안에서 그리스도인의 자유를 위해 부름을 받았고 창조주 하나님의 영광을 위해 사는 참된 자유의 삶을 재발견했기 때문에 특별한 존재라는 것이다. 엘륄에 의하면, 이러한 삶은 우리 안에 계시는 성령의 삶으로부터 나오는 삶이다. 바로 이러한 삶을 통해 그리스도인은 이 문명에 대하여 혁명적일 수 있게 되는 것이다.[145]

그런데 우리는 여기서 엘륄이 말하는 참된 삶이 어떻게 가능하며 또한 하나님 나라의 미래를 현실화하는 삶이 어디서 가능한지를 물어야 한다. 이에 대해 엘륄은 그것은 오직 기도를 통해서만 가능하다고 주장한다. 그는 우선 "기도란 우리를 향한 하나님의 은혜가 극단적으로 표현된 사례이다." "하나님은 기도를 통해 우리가 당신과 함께 살게 되기를 원하신다"[146]고 말한 바르트를 따라 "기도란 하나님과 함께 하는 삶이다"[147]라고 말한다. 즉 그것은 살아 계신 하나님과 함께 걷는 삶을 의미한다. 그러기에 기도란 삶의 모든 결정권을 자신이 거머쥐는 자만도 거부하며 동시에 자신이 할 수 있는 일을 소홀히 하거나 최선을 다하지 않는 태만도 거부한다. 그는 이 점을 다음과 같이 표현한다. "기도는 두 얼굴을 갖는다. 하나는 능력의 한계 안에서 내가 할 수 있는 모든 일을 행하였음을 하나님께 말씀드리는 것이다. 다른 하나는 결정의 권한을 완전히 하나님께 드리는 것으로 최선을 다하여 행한 일들을 나의 신실함의 증거로서 제시하지 않고 대신 나 자신의 힘과 주도권의 가능성들을 온전히 포기하는 것이다."[148] 이런 점에서 기도란 자만과 태만 사이의 좁은 길을 걸어 가는 것이라고 할 수 있다.

현대인들은 수단의 세계 속에서 오직 행동만을 추구하며 살아 간다. 즉 그들은 행동만이 중요하다고 생각하며 살아 간다. 그러나 가장 중요한 것은 기도 자체이며 어떠한 행동보다도 더 근본적이고 결정적인 것은 기도라고 엘륄은 주장한다. 왜냐하면, 우리는 기도를 통해서만이 새 창조를 위해 약속된 것을 현재의 것으로 만들어 갈 수 있기 때문이다. "기도를 통해서만 우리는 종말의 삶을 구체적으로 살 수 있고 하나님 나라의 임재에 참여할 수 있다"[149]는 사실이다.

엘륄에 따르면, 기도만큼 철저한 파괴이며 근본적인 저항인 것도 없다. 행동에서든 생활 방식에서든 기도만큼 뛰어난 파괴력을 가진 것이 없다는 것이다. 왜냐하면, 기도는 새로운 역사(하나님이 모든 영역들 속에서 인간과 함께 만들어 가시는 그분의 역사 또는 오늘이라는 시간 속으로 종말론적인 하나님의 나라를 들어 오게 하는 것)를 창출해가는 행위이기 때문이다.[150] 그러기에 엘륄은 다음과 같이 말한다.[151] 기도의 행위는 "어떠한 구체적인 사회 참여보다도 훨씬 더 강력한 힘을 지니고 있다." "이런 기도야말로 이 기술 공학 사회의 엄격한 메카니즘에 대한 정확한 대응점이다. 기도는 인간의 분리와 소외에 변화를 가져다 줄 수 있는 유일한 길이다. 현대 국가의 무오성과 전능성에 비추어 볼 때 기도야말로 진정한 독립이다." "기도는 상품에 대한 열기와 효과에 대한 집착을 적절히 잠재워 주는 하나의 헌신이다. 길을 잃어 버린 오늘날의 사회에서 기도야말로 반드시 필요하고 그것만으로 충분한 유일한 행동이요 참여이다." "기도는 인간 관계에 있어서 폭력의 자리에 들어 설 수 있는 유일한 대치물이다. 그러므로 진정 가치 있는 행동은 바로 기도를 통해서만 기대할 수 있다." 결국, 기도만이 오늘의 기술문명에 대한 유일한 대안이라는 것이 엘륄의 주장이다. 이렇게 해서 엘륄에게 있어서 혁명적인 삶이란 곧 기도의 삶을 의미한다고 하겠다.

2. 정치윤리

1) 무정부와 기독교

가. 국가비판과 무정부

우리는 엘륄의 다음의 말에서 그의 국가관을 엿볼 수 있다. "내가 연구하면 할수록 더욱 더 내가 어떻게 국가에 단순히 순종하는 것이 어려우며 성경에는 일종의 무정부주의로의 방향이 있음을 알게 된다. 이런 점에서 나는 나를 형성했던 신학 즉 칼 바르트의 신학과 절교하였는 바, 그는 계속해서 정치적인 권위의 정당성을 인정하였다."152) 이와 같이 그는 정치적 권위의 정당성을 인정하지 않는 점에서 바르트와 입장을 달리 하고 있다.

왜 엘륄은 이처럼 국가에 대해 부정적인 입장을 취하고 있을까? 그는 자신이 국가에 대해 부정적일 수 밖에 없는 이유를 다음과 같이 분명히 밝힌다. "모든 전문가들이 동의하는대로, 국가는 관료주의적이다. … 민주주의 국가인 경우라 할지라도 국가는 독단적이다. 왜냐하면, 어떤 국가도 규칙들과 법들을 지키지 않기 때문이다. 국가는 포괄적이다. universal 그것은 숭배를 원한다. 말하자면, 오늘날 어떤 국가도 마음의 지지와 대중의 감정적 지지를 획득하지 않고 실제로 지배할 수 없다. 그것은 한계도 모르고 인간성도 모른다. 이런 특성들은 … 실질적인 관점과 영적인 관점에서 볼 때, 국가의 형태가 어떠하든지, 민주국가든 독재국가든, 새롭거나 대중적이거나, 어떤 나라의 국가도 실제로 인간에게 알려진 주요한 위험이라는 사실을 의미한다."153) 그는 계속하여 국가의 위험성을 강조한다. "우리 시대에 인간에게 알려진 유일한 위험은 국가가 모든 영역에서 절대적인 존재가 되려는 경향이다. 이것은 절대적이 되려는 경향을 가진 이 권세가 기술 사회 즉 국가에게 환상적인 수단들을 제공하는 사회에 배치되어 있다는 사실에 의해 더욱 악화된다. 국가는 전체주의적이다. … 모든 국가는 전체주의적이다. 그것은 실제적이든 법적이든 한계를 인식하지 않는다."154) 따라서 "현대 세계의 어떤 국가도 정당하지 않다." "모든 권위가 전체주의적인 국가의 구조 안에 세워져 있기 때문에 현재의 어떤 권위도 하나님에 의해 만들어진 것이라고 주장할 수 없다"155)는 것이 엘륄의 결론이다. 이것이 바로 엘륄이 무정부를 주장하는 배경(이유)이다.

그러면 그가 말하는 무정부란 어떤 것인가? 무정부에는 여러 가지 다른 형태들이 있으며 여러 다른 경향들이 있다. 엘륄이 의미하는 무정부란 우선 폭력에 대한 절대적인 거부를 의미한다. 따라서 그는 행동의 수단으로 폭력을 선택하는 허무주의자들이나 무정부주의자들을 거부한다.156) 그는 두가지 점에서 폭력을 반대한다.157) 첫째 이유는 전술적인 것이다. 비폭력운동은 그것이 잘 진행될 때 폭력운동보다 더 효과적이다. 두번째 이유는 기독교적인 것이다. 성경적인 방법은 폭력이 아니라 사랑이다. 그러나 권력자들에 대해 폭력을 사용하지 않는다는 것은 아무 것도 하지 않는다는 것을 의미하지 않는다. 기독교란 권력의 거부

엘륄이 말하는 무정부의 의미

"나는 무정부라는 말로 우선 폭력에 대한 절대적인 거부를 의미한다. 그러므로 나는 행동의 수단으로 폭력을 선택하는 허무주의자들이나 무정부주의자들을 용납할 수 없다."

자끄 엘륄, 『무정부와 기독교』, 20

및 권력에 대한 싸움을 의미하기 때문이다.158) 보다 근원적으로 말하면, 엘륄의 무정부란 무질서라는 상식적 개념으로서가 아니라 무권세, 무지배anarche라는 의미에서의 무정부를 말하는 것이다.159)

우선적으로 폭력적인 무정부주의를 거부하는 엘륄의 입장은 또한 많은 무정부주의자들의 생각과는 근본적으로 몇가지 면에서 다르다. 우선 그는 무정부주의자들의 정당을 만들거나 그들을 지지하여 선거에 참여하는 것을 반대한다. 왜냐하면, 투표한다는 것은 중산층에 의하여 강력하게 세워진 잘못된 민주정치의 조직에 참여하는 것이기 때문이다. 또한 정당을 조직하는 것은 필수적으로 계급구조를 채택해야 하며 권력을 공유해야만 하기 때문이며 또 그렇게 권력을 장악하게 되면 어느 정도로 타락하는 것은 불가피한 일이기 때문이다. 이런 사실로 인하여 엘륄은 정치적인 놀이에 참여하는 것을 단호히 거절한다. 그에 따르면, 정치적인 게임은 우리 사회에 어떤 중요한 변화를 가져 올 수 없다. 우리의 사회의 이익과 구조가 너무나 복잡하게 서로 연결되어 있기에 정치적인 방법으로는 그 문제들을 조절할 수 없다는 것이다.160)

그렇다고 해서 그것이 아무것도 할 수 없다는 것은 아니다. 우선 무정부는 자본주의자들(또는 무력해진 사회주의자들)과 제국주의적 사회를 구성하는 모든 것에 양심적으로 반대한다. 이 양심적인 반대는 단순히 군복무에 대한 것이 아니라 우리 사회에서 부과되는 요구나 의무들 즉 세금, 예방주사, 의무교육 등에 대한 반대이다. 교육 문제의 경우 그는 공공 교육의 울타리 밖의 학교를 대안적 학교로 제시한다. 여기서 엘륄이 거부하고자 하는 것은 국가의 전능성, 행정의 전능성과 편재성이다. 더 나아가 국가가 제공하는 모든 것을 불신해야 한다. 왜냐하면, 많은 권력들은 이데올로기적 거짓들의 가면을 쓰고 있기 때문이며 모든 권력은 부패하고 절대 권력은 절대적으로 부패하기 때문이다.

엘륄의 무정부주의가 진짜 무정부주의와 또 다른 점은 무엇인가? 진짜 무정부주의자는 무정부주의적 사회(국가도, 조직도, 계급도, 권위도 없는 사회)가 가능하고 살 만하며 실천될 수 있다고 생각하지만 엘륄은 그렇게 생각하지 않는다는 점이다. 요컨대 무정부주의적 싸움 곧 무정부 사회를 위한 투쟁은 필수적인 것이지만 그러나 실제로 그러한 사회의 실현은 불가능하다는 것이 엘륄의 생각이다.[161]

그에 따르면, 권위도 없고 제도도 없는 사회관(또는 그런 사회에 대한 희망)은 사람들이 천성적으로 선하며 오직 사회가 부패되었다는 확신에 근거한다는 점에서 성립 불가능한 것이다. 여기서 엘륄이 선하지 않다는 말을 할 때 그것은 기독교적 또는 도덕적인 관점을 취하는 것이 아니다. 그가 의미하는 것은 사람들의 두가지 큰 성격은 탐심과 권력욕이라는 사실이다. 따라서 권력을 위하여 경쟁하는 사람들, 동일한 것을 탐하는 자신을 발견하는 사람들 사이에는 이상적인 무정부 사회는 결코 성취될 수 없는 것이다.[162]

이런 점에서 그는 순수한 무정부적 사회에 대해 어떤 신뢰도 하지 않는다. 그러나 새로운 사회적 모델을 만들 수 있는 가능성은 신뢰한다. 이것은 파괴되어 마땅한 권위와 권력들을 실제로 대치할 적절한 제도의 수립 가능성을 말한다. 다시 말하면, 기층 민중 차원에서 새로운 제도를 만들어 내는 것은 가능하고도 올바른 것이라는 주장이다.

오늘날 우리의 의회 및 선거제도와 정당은 독재정치가 견디어 낼 수 있을 정도로 변변찮다. 오늘날 우리가 경험하게 되는 것은 어느 누구도 더 이상 신뢰하지 않는 공허한 정치 제도들, 정치적인 계급들의 이익에서만 움직이는 통치제도들, 권력과 권위와 사회 통제의 거의 무한한 증가라는 이상한 경험이다. 이것은 기술의 결과이다. 정부의 모든 권력은 기술에서 나오며 무대 뒤에서 기술자들은 영감을 제공하고 일을 가능하게 한다. 현실은 이러한데 정당들은 시대에 뒤떨어진 게임을 한다. 교회들도 그들의 사명을 배반했다. 엘륄이 말하는 무정부주의란 바로 이런 상황을 배경으로 해서 나온 것이다. 말하자면, 상황이 그러한 이상, 그런 상황에 대한 중대한 도전으로서, 그리고 각성을 얻는 유일한 수단으로서 무정부를 택할 수 밖에 없다는 것이다.[163]

엘륄이 무정부를 현실에 대한 중대한 도전으로 여기는 것은 무정부에서는 권력 재강화에로의 회귀 가능성이 결코 없다는 점 때문이다. 물론 엘륄은 어떤 사람들이 다른 사람들을 지배하는 권력이 생기는 것을 진정으로 막을 수 있다고는 생각지 않는다. 다만 무정부를 통해 권력의 남용과 권력 그자체를 탄핵할 수 있다는 것과 국가와 관료정치의 권력이 커지면 커질수록 무정부주의 운동은 인간성의 마지막이자 유일한 방어로서 더욱 촉진되고 확대되어야 한다는 것이 그의 주장이다.[164]

나. 국가와 기독교

엘륄은 『무정부와 기독교』란 책의 마지막 장에서, 국가 또는 정치 권력과 초기 기독교와의 관계가 어떠했는지를 살펴 보는 가운데 자신의 무정부주의의 입장이 성경적으로 정당한 것임을 입증하고자 한다. 여기서는 그의 신약 해석 중에서 예수와 바울을 중심으로 해서만 살펴 보기로 하자.

먼저, 예수의 국가(정치 권력)관을 살펴 보자. 신약에는 권력 authority에 대해 두개의 노선이 있다. 하나는 권력 또는 권위에 대해 호의적인 귀절롬13:1이고 다른 하나는 권력에 대해 적대적인 귀절인데 전자가 예외적인 것이고 후자가 주된 흐름이라는 것이 엘륄의 주장이다.[165]

그런데 복음서에서 정치 권력에 대한 예수의 태도는 철저하게 부정적인 것이었다고 그는 주장한다. 그러면 예수 자신의 입장을 보여 주는 다섯개의 주요 말씀들을 살펴 보자.

(1) **"가이사에게 주라"**: 이 대답은 예수가 세금이 합법적이라거나 로마제국에 충성할 것을 권면하지 않는다. 세금을 내거나 내지 않는 것은 근본적인 문제가 아니다. 이 말씀이 보여 주려는 것은 이러하다. 가이사의 표를 가진 것은 무엇이나 그의 것이다. 그의 권력의 근거와 한계가 바로 여기에 있다. 그 표시는 동전 위에, 공공 기념물에, 몇몇 제단에 있다. 이것이 전부이다. 다른 한편, 가이사의 표를 갖지 않는 것은 무엇이든 그의 것이 아니다. 그는 나머지 것에 대해서는 어떤 것도 권리가 없다. 가이사의 영역은 매우 제한적이다. 그러기에 우리는 하나님의 이름으로 그의 주장을 대부분 반대할 수 있다.[166]

(2) 마 20:25-27 : 모든 국가의 통치자들은 자신의 신하들에게 군림한다. 폭정없는 어떤 정치 권력도 있을 수 없다. 선한 정치 권력같은 것은 결코 있을 수 없다. 권력은 부패한다. 이것이 예수의 판단이다. 그렇다고 예수는 그러한 왕들이나 지도자들에게 반란이나 물리적인 투쟁으로 맞설 것을 옹호하지 않는다. 다만 "너희 중에는 그렇지 아니하니 …"라고 도전한다. 이 말씀을 엘륄은 이렇게 해석한다. 싸움하는 왕들과 관계하지 말라. 그들을 내버려 두라. 다만 이러한 일들에 흥미를 갖지 않을, 어떤 권력도 권위도 계급제도도 없는 변경의 사회를 세우라. 다른 근거에

기초한 다른 사회(공동체)를 창조하라. 이것은 비사회화가 아니다. 예수는 우리가 사회를 떠나서 광야로 가도록 권하고 있지 않다. 그의 권면은 그 안에서 다른 법들과 규칙들에 순종하는 공동체를 세워야 한다는 것이다. 이 충고는 우리가 권력의 현상을 변화시킬 수 없다는 확신에 근거한다.[167]

(3) **마 17:24-** : 아들은 세금에 대한 의무가 없다. 그럼에도 불구하고 사람들을 오해케 하는 일은 좋은 일이 아니다. 그는 소박한 자들을 성나게 하기를 좋아 하지 않는다. 그리하여 그는 이 문제를 조롱거리로 만들었다. 이것이 기적의 핵심이다. 물고기를 잡아라. 그러면 그 입에서 동전을 발견할 것이다. 이것이 예수의 전형적인 태도이다. 그는 정치적 종교적 권력을 무가치하게 한다. 그는 권력이란 조소적인 방법으로 외에는 감수하고 순종할 가치가 없음을 명백히 한다.[168]

(4) **마 26:52** : 이것은 폭력에 근거하는 모든 것에 대한 절대적인 판단이다. 폭력은 다른 폭력을 일으킬 뿐이다. 여기서 비폭력의 방향이 정해진다.[169]

(5) **예수의 재판과정에서의 말씀** : 칼 바르트를 포함한 대부분의 신학자들은 예수가 빌라도의 법정에 나서기를 동의했고 당국에 대한 경의를 표했으며 판정에 대해 반대하지 않았기 때문에 이것이 그가 그 재판을 합법적인 것으로 간주했음을 증명한다고 여기고 따라서 여기에 국가 권력의 근거가 있다고 주장한다. 그러

나 엘륄은 이 해석이 어이없는 것이라고 논박한다. 로마인들이 자랑하던 법은 로마 총독으로 하여금 대중에게 양보하여 무지한 사람을 아무런 근거도 없이 사형을 언도케 했다. 바로 이것이 우리가 탁월한 법체제에서 기대할 수 있는 것이다. 예수가 재판에 순복한다는 사실은 이런 상황에서 정부 권위의 합법성에 대한 인정이 아니다. 반대로 이것은 정의라고 주장하는 것이 근본적으로 불의임을 드러내는 것이다. 여기서 엘륄은 다시금 모든 권위는 부당하다는 성경기자의 확신을 발견한다.[170]

재판과정에 있었던 예수의 말씀과 태도를 보면, 세가지의 모습이 나타난다. 첫째로, 침묵이 있다. 이러한 그의 태도는 모든 종교적, 정치적 권세를 전적으로 거부하고 조롱하는 태도였다. 아마도 그는 이러한 권위들을 결코 정당한 것으로 여기지 않았던 것으로 볼 수 있다.

둘째로, 그의 태도에는 권세자에 대한 비난도 들어 있다. "너희가 강도를 잡는 것같이 … 그러나 이제는 너희 때요 어두움의 권세로다." 눅 22:52-53 이는 예수가 대제사장이 악의 세력이 되었음을 명백히 비난한 것이라고 엘륄은 주장한다. 또한 그는 요 17:20-21의 말씀에서 빈정거림과 비난의 태도가 있음을 지적한다. 요19:10-11에도 비난의 태도가 있다. "위에서 주지 아니하셨더면 나를 해할 권세가 없었으리니 그러므로 나를 네게 넘겨준 자의 죄는 더 크니라." 많은 사람들은 이 말에서 빌라도가 그의 권력을 하나님께로부터 받았음을 예수가 인정하고 있다고 생각한다. 그러나 엘륄은 예수가 하나님에게서 온 권세에 넘겨졌다면 예수를 넘겨준 자가 어떻게 죄가 있을 수 있겠는가 라는 반문을 던진다. 엘륄에 따르면, 여기서 예수는 빌라도에게 그의 권력이 악의 영으로부터 왔다고 말하고 있다는 것이다. 이것은 시험에서 드러난 것 곧 이 세상의 모든 권력과 나라가 마귀에게 달려 있다는 것과 부합하며 또한 대제사장에 대한 예수의 답변 곧 흑암의 권세가 그의 재판에 작용하고 있다는 것과 부합한다. 그러면, 왜 성서저자들은 빌라도가 그의 권세를 악의 영으로부터 받았음을 분명하게 기술하지 않았는가? 그것은 복음서가 기록되던 당시의 상황에 기인한다는 것이 엘륄의 설명이다.

셋째로, 자극적 발언이 있다. 저자는 마26:64, 요18:33-에서 권위에 대한 조롱과 자극이 있음을 발견한다. 이상에서 살펴 보았듯이 위의 본문들에는 빈정거림, 조롱, 비협력, 무관심, 비난 등이 나타나며 결국, 예수는 정치적이고 종교적인 권세와 맞서 있음을 발견하게 된다는 것이 엘륄의 생각이다.[171]

다음으로, 바울의 국가관을 보기로 하되 롬13:1-7에 대한 엘륄의 해석만을 살펴 보기로 하자. 엘륄에 따르면, 이 귀절들은 전체 성경에서 권세에게 복종할 의무와 순종을 강조하는 유일한 본문이다. (또 다른 귀절들 딛3:1, 벧후2:10, 유8 이 있기는 하지만) 엘륄은 모든 성경에 대한 해석은 전체적인 맥락 또는 그 사고의 흐

름과 분리시켜서는 안된다는 자신의 기본 입장에 따라 이 귀절을 해석한다. 롬 13장은 12장-14장에 걸친 새로운 내용 전개 속에서 위치해 있음을 주목해야 한다는 것이다. 12:1-2에서 볼 수 있듯이, 바울의 일반적이고 본질적인 명령은 우리가 순응주의자가 되어서는 안된다는 것, 우리가 살고 있는 사회의 사상적 흐름, 경향, 관습에 복종해서는 안된다는 것이다. 따라서 바울이 이런 진술 후에 정치 권세에 복종하도록 요구하고 있다면, 그것은 분명히 조리가 서지 않는 주장일 수 밖에 없을 것이라는 것이 엘륄의 설명이다. 그리고 나서 12:3-21에서 모든 사람에 대한 사랑, 그리고 모든 사람과 화평하게 살라는 권면을 동반한 원수에 대한 사랑의 권고가 있다. 그리고 뒤이어 권세잡은 자들에 대한 귀절이 나온다. 결국, 그 명령들은 사랑과 다른 사람들에게 해를 끼치지 말라는 명령으로 요약된다. 13:8-10 여기서 엘륄은 권세에 대한 복종을 권고하는 이 귀절이 바로 그와 같은 문맥 즉 사랑의 요구가 친구에게서부터 이방인에게 그리고 적에게까지 진행되어야 한다는 바로 그 문맥에 위치해 있다는 점에 주목해야 한다고 주장한다. 즉 우리는 원수를 사랑해야 하며 따라서 권세들도 존경해야 한다는 것인 바, 그것들을 사랑하는 것이 아니라 그 질서를 용납해야 한다는 것이다. 우리는 권세자들이 하나님을 통해서 권력을 얻었다는 것을 기억해야 한다. 예컨대 사울 왕의 경우, 그가 미쳤고 나쁜 왕이었는데 그 역시 하나님으로부터 권력

을 얻었다는 사실은 분명히 그가 선하고 의롭고 사랑할 만하다는 것을 의미하지 않는다는 점이다.[172]

그는 계속하여 롬 12장의 끝절 "악에게 지지 말고 선으로 악을 이기라"와 롬 13:1 "각 사람은 위에 있는 권세들에게 복종하라…"을 연결시켜 해석한 알퐁스 마이오의 해석을 인용하면서 자신의 견해의 정당성을 주장한다. 그는 여기서 롬13:1은 그 당시의 그리스도인들의 일반적인 태도(국가, 제국의 권력, 권세들에 대한 적대적인 태도)를 배경으로 하여 쓰여진 것임을 염두에 두어야 한다고 주장한다. 즉 바울은 이 본문에서 그런 적대감을 완화시키고 있다는 것이다. 아울러 권세란 또한 백성 곧 그들 자신과 같은 백성이라는 것과 마땅히 그들을 용납하고 존경해야 함을 그리스도인에게 상기시키고 있다는 것이다.[173] 따라서 이 본문은 정치적 권위에 대한 최종적인 선언이 아니라 권력이 미움을 받고 있었던 그리스도인의 상황에서 사랑을 적용하려는 시도였다는 것이 엘륄의 설명이다.[174]

엘륄은 이상과 같은 신구약 성경 연구로부터 "모든 정치적 권위에 대한 근본적인 도전"이라는 공식을 추론해 낼 수 있다고 결론을 내린다. 그러면 이제 권위에 대한 그의 요약된 입장과 정치 참여 또는 정치적 책임의 문제에 대한 그의 입장을 정리해보자. 우선, 권위에 대한 그의 요약된 입장이다. "그 자체로 정당한 정치적 권위는 없다. 정치적 권위와 조직은 사회적 삶의 필연성이다. 그러나 필연성 그 이상은 아니다. 정치적 권위와 조직은 언제나 하나님의 자리를 차지하려는 유혹을 받았다. 왜냐하면, 고위 행정 책임자나 왕은 의심할 여지 없이 자신들을 권위 그 자체로 생각하기 때문이다. 이 권세는 의문시되어야 하고 거절되어야 하고 항상 도전되어야 한다. 그것은 그것이 겸손한 위치에 머물러 있을 때에만, 그것이 약할 때에만, 그것이 선(그것은 아주 드물지만!)에 봉사할 때에만, 그리고 그 자체를 인간성에 대한 봉사(그것은 이미 하나님에 대한 종이기 때문이다)로 변형시킬 때에만 용납되어진다."[175]

다음은 책임있는 정치 참여의 문제이다. 전체적으로 저자의 입장은 분명하다. 첫째로, 그는 천상이나 미래의 삶으로의 도피나 땅의 것들을 멸시하는 어떤 신비주의도 거절할 뿐만 아니라 둘째로, 기독교인들이 세상에 깊이 관련되어 이 시대의 지배적인 이데올로기의 함정에 빠지는 것도 거부한다. 역사속의 교회는 대체로 다음과 같이 순응주의자가 되었다고 그는 비판한다. 교회는 왕들의 지배하에서는 군주제주의자들이었고 나폴레옹 치하에서는 제국주의자였으며 공화국 밑에서는 공화주의자였고 오늘날 프랑스에서 교회(최소한 개신교회)는 사회주의자가 되어가고 있다. 그러나 이것은 세상에 순응해서는 안된다는 바울의 태도 결정과 반대되는 것이다. 셋째로, 그는 바로 이러한 기독교인들의 순응주의적 적응성을 견제하는 장치로서 무정부주의를 제안하고 있다. 말하자면, 전능적인 국가에 대항하기 위해서 우리는 그에 대한 대응 세력으로서 철저한 대결적 입장을 취할 필요가 있다는 것이다.[176] 우리 시대의 국가는 마르크스주의이건 자본주의이건 아무런 차이가 없다. 지배적인 이데올로기는 주권 이데올로기이다. 국가민족주의가 전 세계에 만연되어 있다. 그런데 우리 모두는 국가가 규범이라는데 동의하고 있는 듯하다. 바로 여기가 무정부주의가 기독교인들을 가르칠 수 있는 교훈을 가지게 되는 지점이다. 그것은 국가의 지배적인 기준과는 다른 기준에서 우리 사회의 실재를 보도록 가르칠 수 있다는 것이다. 그렇다고 해서 저자는 무정부주의와 기독교를 동등하게 취급하지는 않는다. 다만 그 양자에게는 공통되고 완벽히 명백한 일반적인 방향설정이 있음을 지적하고자 할 뿐이다.[177]

2) 폭력과 기독교

가. 폭력에 대한 전통적인 견해들

지금까지 교회와 신학자들이 폭력에 대해 취해 왔던 전통적인 입장들을 보면, 크게 세가지로 정리된다.[178] 첫째는 타협의 입장이다. 이것은 폭력이 국가에 의해 사용될 때(보다 큰 악을 방지하고자 행사하는 국가의 폭력은 강력force으로 표현됨)와 그 사용의 조건과 목적 여하에 따라서 정당한 것으로 수용될 수 있다는 입장(정당전쟁론)이다. 이 입장은 아우구스티누스의 정당전쟁론과 종교개

혁자들의 견해와 바르트의 견해 등에서 찾아 볼 수 있는 바, 교회 역사에 있어서 지배적인 입장이었다. 그러나 엘륄은 이 입장을 하나의 타협의 해결책이라고 규정한다. 둘째는 비폭력의 입장이다. 이것은 기독교의 출발에서부터 시작된 것이다. 즉 이 비폭력의 정신은 "네 원수를 사랑하고, 다른 뺨을 돌려대라", "살인하지 말라"는 예수의 교훈과 인격에서부터 구현되어 왔다는 것이다. 이것은 4세기까지 기독교인들의 공식적인 견해였다. 이와 관련하여 3세기 말 아프리카의 많은 기독교인들은 병역거부의 이유로 순교를 당하였다. 그 이후에도 계속하여 기독교 소종파들에 의해 절대적 비폭력이 실천되어 왔으며 현대에 와서는 간디나 마틴 루터 킹에게서 이 비폭력의 입장이 잘 드러나고 있다. 셋째는 폭력지지의 입장이다. 이것은 오늘날 "혁명의 신학자"들의 입장에서 찾아 볼 수 있지만 그것은 이미 3,4세기 '지금 여기'의 죄인들을 벌하고 세상에 대한 신의 심판을 구체적인 방법으로 나타내는 것이 자신들의 책임이라고 느꼈던 나일 계곡의 야만적 은둔자들에게서 발견된다. 그 이후 이 입장은 중세기에 유럽의 농민들을 선동하였던 수많은 사회운동들(예:요아킴의 운동)과 16세기의 토마스 뮌처등 적지 않은 사람들에 의해 계속 이어졌다.

나. 폭력을 용납하는 현대 그리스도인들

엘륄은 오늘날 교회와 그리스도인들은 폭력에 대해 적극적이고 호의적인 태도를 보이고 있는 사실에 주목하면서 이는 한마디로 오늘날 유행처럼 되버린 사회혁명이데올로기에 동조해버린 결과라고 진단한다. 이렇게 그리스도인들이 폭력을 용납하게 된데는 금세기에 이르러 빈곤이 단순한 자연적인 재앙이 아니라 사회, 경제적인 조직의 결과라는 새로운 자각이 작용하고 있기는 하지만, 이처럼 그리스도인들로 하여금 폭력을 용납하고 폭력운동에 가담하도록 인도하는 사상은 몇가지 전제들에 기초하고 있다.[179] 첫째 전제는 물질적 요구가 세상의 모든 문제보다 가장 중요한 것이라는 생각이다. 오늘날 그리스도인들을 포함하여 널리 인정되고 있는 신념은 정신적인 생활은 물질적인 생활에서부터 발전되어 나와 물질적인 생활과 함께 진행되어 나간다는 것이다. 한마디로 말하면, 가난이란 영적 생활에 장애가 되는 것이고 이 가난은 부정의로운 사회제도에서 기인하는 것이므로 이의 제거를 위해 노력해야 하는 그리스도인으로서는 폭력을 필요로 하며 그에 가담하지 않을 수 없다는 결론이다. 둘째 전제는 이제 "인간은 성숙하였다"는 본회퍼의 공식에서 요약된다. 이는 인간은 이제 기술과학의 덕분으로 자신의 어떤 문제도 정복할 수 있는 힘을 얻게 되었고 그래서 자신이 처분할 수 있는 힘의 수단의 사용을 금지해서는 안된다는 생각이다.

   이런 전제들에 기초하여 폭력을 승인하는 그리스도인들 가운데 오늘날 가장 대표적인 입장은 "혁명의 신학자"들에게서 나타난다. 혁명의 신학자의 대표적 존재인 카도넬 신부는 이렇게 주장한다. "하나님은 지배자가 아니라 억압받는 백성들 속에 게릴라를 일깨우시는 분이다. 빈자들의 해방을 위한 투쟁에 참가하지 않는 한, 우리는 예수에 대하여 아무 것도 이해할 수 없다. … 우리가 오늘날 사순절을 어떻게 지낼 것인가? 각자가 부정의에 기초한 사회에 혁명적 파탄을 일으키고 금전제도의 죽음의 메카니즘을 마비시키고 필요하다면 잘 계획된 총 스트라이크를 단행함으로써이다. 이런 것들은 하나님을 기쁘시게 하는 사순절이요 오늘날의 부활절의식이다."[180] 한편, 리챠드 쇼울은 인간을 구속하고 비인간화시키는 모든 것에서부터 해방시키려는 메시야적 운동들이 봉기하고 있는 현실을 보면서 우리 시대의 가장 중요한 사실은 혁명의 사실이라고 주장한다. 이에 따라 기독교 신앙은 혁명적 내용을 지니기 때문에 그리스도인은 기독교와 관계없이 모든 혁명에 참여해야 한다는 것이 그의 생각이다. 결국, 그에게 있어서 혁명의 수단으로서 폭력 사용은 그 자체로서 문제시되지 않는다.

이렇게 폭력에 참여하는 그리스도인들의 특성을 보면,[181] 일반적으로 그들의 심리상태가 단순하다는 점이다. 그들은 세상에서 직면하는 정치, 사회적인 문제들을 단순화하여 볼 뿐만 아니라 폭력에 참여하는 것이 모든 문제의 해결인 양 생각한다. 그들은 폭력이 지나가고 난 다음에 문제는 해결되기 보다 진정한 문제들이 제기된다는 사실은 생각하지 않는다. 그러나 엘륄에게 있어서 더욱 문제가 되는 것은 가난한 자들에 대한 사랑과 그들을 위해 폭력에 참여하는 일이 기독교의 권리 위에 기초하고 있다고 고백하는 그들의 위선이다. 말하자면, 그리스도인들이 폭력운동에 참가하는 것은 그들이 그리스도인이기 때문에서가 아니라 민족주의, 사회주의, 반식민주의 등과 같은 당시 사회의 지배적 이데올로기에 동조한 때문이라는 사실을 그들은 인정하지 않는다는 것이다. 결국, 그들은 사람들이 진정으로 필요로 하는

폭력에 대한 엘륄의 기본 입장

"폭력은 하나님 앞에서 정당화될 수도 없고 용납될 수도 없다."

자끄 엘륄, 『폭력』, 160

"중요한 사실은 그리스도인이 폭력을 사용하게 되면 자신이 잘못을 범하고 있다는 것, 사랑의 하나님에 배반하여 죄를 짓고 있다는 것, 그리고 세상의 무질서를 증대시키고 있다는 것을 스스로 잘 알게 된다는 것이다."

자끄 엘륄, 『폭력』, 159-160

"그리스도인은 폭력과 인간의 분노를 전략의 한 요소로 삼는 운동에 참여해서는 안 된다는 것, 그리고 폭력을 통하여 새로운 질서를 수립할 수 있다고 약속하는 이데올로기를 신뢰할 수 없다."

것은 그리스도인들만이 제공해줄 수 있는 것 즉 기독교적 메시지의 특수성이라는 사실을 망각하고 있다고 엘륄은 비판한다.

다. 폭력과 기독교

그러면, 엘륄이 말하는 폭력에 대한 기독교의 입장은 무엇인가? 이 문제에 대해 엘륄은 자신의 입장을 기독교적 현실주의, 기독교적 철저주의라고 밝히면서 일반적 폭력에 대한 대안으로 사랑의 폭력을 제시한다. 첫째로, 현실주의적 입장[182]에 서게 될 때 그리스도인이 폭력에 대하여 해야 할 첫째 일은 폭력이 무엇인지를 정확하게 인식하는 일이다. 이에 따라 엘륄은 폭력은 다섯가지 법칙을 가진다고 분석한다.[183] 폭력의 첫째 법칙은 계속성이다. 이는 사람이 폭력을 한번 사용하기 시작하면 결코 그것을 끊을 수가 없게 된다는 것이다. 폭력의 둘째 법칙은 상호성이다. 이는 "칼을 쓰는 자는 다 칼로 망한다"는 예수의 말씀에서 표현되고 있다. 폭력은 폭력을 창조하고 폭력을 생산한다. 식민주의자들의 폭력은 그것을 능가하는 반식민주의자들의 폭력을 창조한다. 폭력의 셋째 법칙은 동일성이다. 이는 정당한 폭력과 부정당한 폭력, 해방시키는 폭력과 예속시키는 폭력, 선한 폭력과 악한 폭력 사이에는 구별이 없다는 것이다.[184]

즉 모든 종류의 폭력(물리적 폭력, 군사적 폭력, 경제적 폭력, 정치적 폭력, 국제적 폭력, 심리적 폭력 등)은 꼭 같은 것이다. 폭력은 오만이요 분노요 광기이다. 폭력에는 대폭력이니 소폭력이니 하는 것이 없다. 폭력은 항상 동일한 것이다. 폭력의 넷째 법칙은 폭력은 폭력을 낳는다는 것이다. "혁명주의자들이 폭력을 조금만 사용할 수 있다면 당신은 자유, 정의, 평등의 지배를 보게 될 것이다"는 주장은 하나의 거짓이다. 폭력은 어떠한 고상한 목표도 실현할 수 없고 자유와 정의도 창조할 수 없다. 왜냐하면, 폭력은 폭력을 낳을 수밖에 없기 때문이다. 폭력의 다섯째 법칙은 폭력을 사용하는 사람이 항상 폭력과 자기 자신을 정당화하려고 애쓴다는 사실이다. 히틀러, 스탈린, 모택동, 카스트로, 나세르, 게릴라들, 알제리아 전쟁에서의 프랑스 낙하산병들, 이 모든 사람들은 자신들을 변호하려고 무던히 애를 써왔다. 보통 폭력을 정당화하기 위하여 그 논거로 보복의 필요성, 혹은 다른 수단은 사용할 수 없다는 점등을 주장한다. 그러나 사람이 자신의 폭력을 정당화하려 한다면 어떠한 종류의 폭력도 정당할 수 없다는 사실이 이내 명백하게 드러난다. 왜냐하면, 폭력은 증오심의 표현이기 때문이며 또한 한계를 모르는 폭력은 어떠한 최선의 목표라 하드라도 그것을 부패시키고 말기 때문이다.

   폭력에 대해 이처럼 현실주의적 입장을 취하게 되면 폭력 사용의 정당화를 위해 봉사하게 되는 이상주의를 거부하지 않을 수 없다. 엘륄은 이상주의를 네가지 형태로 나누어 고찰한다.[185] 첫째는 혁명적 이상주의이다. 이는 가장 널리 퍼져 있는 이상주의인데 이들에게 있어서 폭력은 사회적 위선의 가면을 벗기고 인간성의 진정한 조건을 백일하에 노출시키는 역할을 하는 것으로 이해되며 또한 그것은 어떤 고상한 목적을 달성하기에 적당한 유일의 수단으로 이해된다. 그러나 폭력은 결정적인 변화를 창조할 수 없다고 엘륄은 주장한다. 둘째는 관용적 이상주의이다. 이 입장은 다음과 같다. 즉 참으로 필요한 한 것은 화해인데 일단 폭력이 일을 끝내고 나면 화해가 최종적으로 가능하게 된다는 것이다. 이것은 마르크스의 이상사회의 비전과 같은 것이다. 셋째는 평화주의적 이상주의인데 이는 히피운동에서 그 실예를 볼 수 있다. 그들은 획일주의, 도덕적 공허, 영혼의 상실 위에 기초한 사회를 전면적으로 거부하고 "꽃의 힘"을 선언한다. 그러나 그들은 이 사회의 현실이 그들 자신의 생존의 기반이라는 사실을 모르고 있다. 넷째는 기독교 이상주의이다. 이는 요 3:16과 그리스도의 주권 등에 근거하여 인간과 세상에 대하여 무비판적으로 높이 평가하려는 입장을 가리킨다. 기독교 이상주의자들은 폭력의 가능성 자체에 대하여 분개하면서 억눌린 자들의 폭력은 정의의 한 표현이라고 생각한다. 그러나 이 승인은 세상과 폭력에 대한 불충분한 이해에 기초하는 것이라고 엘륄은 지적한다.

  엘륄은 폭력에 대한 현실주의 입장이 가지게 되는 결론을 이렇게 정리한다. "폭력은 인간과 사회에 자연적이고 정상적인 것이며 또한 다스리는 자와 다스림을 받는 자, 부유한 자와 가난한 자에게 부과된 일종의 필연성이다."[186] 여기서 하나의 질문이 제기되는데 그것은 그렇게 폭력이 필연적인 것이요 불가피한 것이라면 폭력의 사용은 합법적이며 정당한 것일 수 밖에 없지 않은가? 라는 의문이다. 엘륄은 이에 대해 이것은 반기독교적 추론이라고 주장한다. 그 이유는 다음과 같다. 그리스도가 우리를 위하여 행하신 것은 무엇보다도 우리를 자유롭게 만드시는 것이다. 인간은 성령을 통하여 자유롭게 된다. 그런데 진정한 자유를 가진다는 것은 필연성에서부터 탈피하는 것이요 자유롭게 된다는 것은 필연성에 대항하여 싸우는 것을 의미한다. 따라서 그리스도의 질서 안에 있는 그리스도인은 필연성의 질서인 폭력에 대항하여 싸우지 않으면 안된다는 것이 그의 설명이다.[187]

그렇다면 그리스도의 본을 받아 작은 자, 가난한 자의 편에 서야 하는 그리스도인들이 폭력의 현실 속에서 인간의 고난에 참여하게 되면서 폭력을 사용하게 될 수도 있을 때 취해야 하는 그리스도인의 태도는 무엇인가? 이 문제에 대해서도 엘륄은 어떤 경우에도 폭력이 필연성의 질서라는 사실이 바뀌는 것이 아니므로 그리스도인들은 폭력사용을 정당화할 수 없다는 점을 분명히 하고 있다. 다만 그가 고백할 수 있는 것은 자기는 죄인이라는 것, 따라서 하나님의 심판 아래 놓여 있다는 것과 하나님의 은총과 용서에 희망을 가질 것 뿐이라는 사실이다.[188]

둘째로, 우리는 상술된 엘륄의 입장이 다른 한편, 그가 말하는 기독교적 철저주의[189]에 기초하고 있음을 지적해야 한다. 그는 기독교 철저주의의 입장에서 기독교만이 가질 수 있는 독특하고도 유일한 행동 곧 사랑의 폭력을 행해야 한다고 주장한다. 이 사랑의 폭력은 정신적 폭력의 한 표현인데 이는 세가지 조건이 충족될 때 비로서 가능할 수 있다.[190] 첫째로, 그것은 승리를 얻는다거나 효과를 거두는 인간적 수단을 거부하지 않으면 안된다. 둘째 조건은 영적 폭력과 사랑의 폭력은 전적으로 물리적 혹은 심리적 폭력을 배제한다는 것이다. 여기에서 폭력은 하나님의 영의 간섭인 것이다. 인간의 다른 폭력이 배제될 때 이 사랑의 폭력은 그 역할을 할 수 있다. 왜냐하면, 인간의 폭력은 성령의 간섭을 방해하게 되는 것이기 때문이다.[191] 이런 점에서 최후의 수단으로서의 폭력 사용은 거부된다. 따라서 그리스도인에게는 하나님께의 호소 곧 기도라는 오직 하나의 마지막 호소 만이 있을 뿐이라고 엘륄은 주장한다. 세번째 조건은 진정한 영적 폭력은 진지한 신앙 위에 기초하고 있다는 것이다. 즉 기적의 가능성에 대한 신앙, 예수 그리스도의 지배권에 대한 신앙, 우리의 행동이 아니라 하나님의 행동에 의하여 다가올 하나님 나라에 대한 신앙 등 모든 약속에 대한 신앙이 그것이다.

이상의 내용을 통해 우리는 엘륄이 기독교 계시에 대한 철저한 신앙(기독교 철저주의)과 사실에 대한 정확한 분석(현실주의)에 근거하여 폭력에 대해 참으로 기독교적인 입장은 무엇인가를 얼마나 철저하게 추구하려 했는지를 보게 된다.

3. 경제윤리

1) 성경에 나타난 부(돈)의 윤리

첫째로, 구약성경에 나타난 부의 의미를 살펴 보자. 우선, 성경에는 부에 대해서 서로 반대되는 이론들이 양립해 있다는 것이 엘륄의 주장이다. 두가지 분명한 모순이 지적될 수 있는데 첫째 모순은 신약과 구약사이의 모순이다. 신약에서는 부가 정죄된다. 그러나 구약에서는 부가 하나님이 원하시는 것으로 묘사되어 있다. 두번째 모순은 구약 안에 있는 것으로서 부자에 대한 판단과 부에 대한 판단 사이의 모순이다. 구약에서는 부는 좋고 의로운 것으로 여겨지는데 반해 부자는 거의 예외없이 정죄된다. 물론 구약에는 의롭고 모범적인 부자들(아브라함, 욥, 솔로몬)도

엘륄이 말하는 가난한 자들에 대한 그리스도인의 책임

"그리스도께서 그를 부르신 은혜 속에서 주님의 본을 받아, 사랑의 명령을 따라 적은 자, 가난한 자들의 편에 서야 한다. … 왜냐하면 예수 그리스도와의 교제는 전적 빈곤, 적적 부정의, 전적 폭력을 진짜로 잘 아는 가난한 자들과의 교제를 의미하기 때문이다."

자끄 엘륄, 『폭력』, 157

존재하였던 것이 사실이다.[192]

    욥과 솔로몬이 부에 대해 의로운 자로 인정받게 된 것은 그들이 정당하게 벌었거나 의롭게 사용했기 때문이 아니다. 그들이 의롭게 된 것은 하나님과의 관계 때문이다. 말하자면, 부가 의로울 수 있는 것은 윤리적인 차원의 문제가 아니라 영적인 문제라는 사실이다.[193] 부의 의와 윤리는 부로써 어떤 결과를 초래했느냐 하는 문제와는 상관없는 일이다. 그럼에도 불구하고 구약에는 중요한 부의 윤리가 있다. 이 윤리의 출발점은 부가 하나님의 것이라는 사실에 있다. 하나님의 주권을 인정하는 일이 부에 대한 의로운 태도를 갖는 출발점이다.[194] 부에 대한 하나님의 주권성을 부인하면 부의 윤리는 생각할 수 없게 된다. 한편, 이러한 부의 윤리의 출발점은 동시에 윤리의 한계점이기도 하다. 왜냐하면, 모든 부는 하나님께 속했다는 사실을 벗어나서는 아무 의

엘륄이 말하는 폭력발생에 대한 기독교인의 책임

"어디에서라도 폭력이 발생하였다고 한다면 그리스도인은 항상 비난을 받지 않으면 아니 된다. 이것이 말하자면 죄에 대한 우리의 고백의 기준이다. 폭력이 발생하는 것은 항상 그리스도인들이 가난한 자들에게 관심을 두지 아니하고, 힘센 자 앞에서 가난한 자들의 이유를 변호해 주지 아니하고, 정의를 위하여 끊임없이 싸우지 아니한 때문이다."

자끄 엘륄, 『폭력』, 182-183

미가 없기 때문이다. 성경에 나타난 부의 윤리가 요구하는 의는 부가 하나님께 속했다는 고백이다. 그러므로 고백이 없는 윤리는 위선이다.195)

성경에 나타난 부의 윤리는 돈을 모르거나 경시하는 시대적 상황에서가 아니라 이스라엘이 부하게 될 수 있는 상황에서, 많은 사람들이 부자가 되어야겠다는 유혹을 느낀 상황에서 생겨나게 된 것이다. 그렇다고 해서 부에 대한 윤리적인 판단이 사회적이고 경제적인 질서에서 생겨난 것은 아니다. 그것은 영적이고 윤리적인 동기에 기초해 있는 것이며 인간의 본성을 파악한 후에 나온 판단이다.196)

인간의 본성의 관점에서 볼 때 부는 유혹이다. 부 자체는 악이 아니라 유혹이다. 인간은 본성적으로 유혹 앞에서 의연하지 못하다. 인간은 유혹에 지고 만다. 왜냐하면, 그는 악에 참여하고 있을 뿐만 아니라 유혹에 저항할 힘이 없기 때문이다. 그는 타락의 법에 얽매여 있기 때문에 번번이 유혹에 넘어가고 만다. 그러므로 부가 유혹이라는 말은 부가 중립적이 아니라는 뜻이다. 부는 사람과 관계를 맺을 때 인간의 악을 주로 드러낸다. 부는 타락의 기회다.197)

인간의 본성을 생각할 때 사람은 언제나 불의한 방법으로 재물을 취하므로 저주를 받든지 아니면 정직한 수단으로 벌었기 때문에 스스로 의인이라 자처하므로 저주를 받든지 둘 중에 하나이다. 현실 속에서는 이 두 길 외에는 다른 길이 없다. 그렇다고 해서 부의 윤리 문제를 배제해서는 안된다. 실제로 성경에는 재물의 취득(소유)과 사용에 대한 의와 불의의 기준과 그 기준이 될 만한 암시들이 계시되어 있다.[198]

대상 29:16은 우리에게 부의 소유에 대한 의로운 자세를 잘 보여준다. 그것은 "이 모든 것은 다 하나님이 주신 것이다. 사람의 노력에 의한 것같이 보일지라도 이 모든 것은 하나님이 허락하신 것이다. 그러므로 하나님의 주권을 인정하지 않을 수 없다"[199]는 고백이다. 재산의 사용에도 합법적이고 도덕적인 원칙이 있다. 부를 가진 사람은 하나님에 대한 의무를 지고 있는 사람이다. 욥이 열거하였듯이 부자는 가난한 자를 구제하고 사람들의 필요를 알고 보살펴야 한다. 부유한 사람은 불행한 사람들의 말을 듣고 그들을 돕기 위해 언제든지 자신의 재산을 처분할 준비가 되어 있어야 한다. 이것은 부를 가진 댓가이다. 이러한 자세가 재산을 옳게 사용할 수 있는 유일한 길이다.[200]

부(돈)의 취득과 사용에 관해 올바른 관점을 가지려면, 성경이 돈에 대해 서로 모순되게 말하고 있는 사실 즉 돈의 유용성과 돈의 무익성의 두가지 관점에서 우리의 행위를 설정하려고 노력하지 않으면 안된다. 성경에는 돈에 대해 원칙적인 긍정을 천명하는 귀절이 있다. 잠언 10:15, 18:11 또한 돈이 무익하다는 언급이 있는데 그것은 두가지 관점에서 그렇다. 첫번째 관점은 "은을 사랑하는 자는 은으로 만족함이 없고 풍부를 사랑하는 자는 소득으로 만족함이 없다" 전5:10 관점이다. 두번째 관점은 "재물은 진노하시는 날에 무익하나 의리는 죽음을 면케 하느니라" 잠11:4는 관점이다. 돈은 심판에 아무런 도움이 되지 못한다. 결국, 부는 무상한 것이다.[201]

　이제 구약에서 부가 지니는 보상과 축복(의 징표)의 성격을 살펴 보자. 구약에 의하면, 하나님이 허락하시는 부는 하나님의 보상과 축복으로 묘사된다. 잠언의 경우 부를 잘 사용하면 부는 점점 많아진다는 것을 말하고 있다. 즉 부를 의롭게 사용하면 부가 많아진다는 것이다. 부는 경건한 믿음과 하나님을 따름에 대한 보상 즉 영적인 태도에 대한 보상이라는 것이다. 그러므로 부는 단지 물질적인 차원에만 머물지 않고 영적인 의로움을 드러내는 역할을 하는 것이다.[202] 또한, 부가 축복이라는 것은 성경 전체에서 말하고 있는 것이다.[203] 아브라함에게 계시된 이스라엘 자손들의 축복도 바로 부였다. 창15:13,14 그러나 이 언약의 말씀 배후에는 영적인 질서가 자리잡고 있으며 물질적인 내용을 담고 있는 언약이라 할지라도 물질 이상의 그 무엇이 그 속에 내포되어 있음을 보아야 한다. 따라서 우리는 하나님의 축복을 재물로 환원시켜서는 안된다. 더 정확하게 말하자면 재물 그 자체를 축복으로 보아서는 안된다. 그런 점에서 부 자체는 아무 가치가 없다. 왜냐하면, 부는 다만 축복의 징표이기 때문이다. 그러므로 부가 그 자체로도 가치가 있다고 생각하는 것은 징표와 그 징표의 본질이 뒤바뀐 것으로서 이것은 일종의 신성모독이라고 할 수 있다.

구약에서 분명한 것은 부가 축복의 징표에 불과하다는 것이다. 더 정확하게 말하면, 부가 축복인 것은 그것이 은혜의 징표이기 때문이다. 구약에서 부는 하나의 징표요 증거다. 재물은 하나님이 은혜를 베푸신다는 증거물이다. 말하자면, 그것은 하나님께서 베푸시는 은혜를 깨닫도록 하기 위하여 주어지는 은혜의 징표이다. 따라서 재물을 하나님의 징표로 생각하지 않는다면 재물을 얻는 것은 아무런 의미가 없다.[204]

하나님은 왜 부를 인간에게 주시는 징표인 성례로 택하셨을까? 하나님은 아무 의미없이 징표를 택하시지 않으신다. 징표와 그 징표를 가리키는 것 사이에는 항상 밀접한 연관성이 있다. 부는 하나님의 값없이 주시는 징표를 의미한다. 사람은 돈은 자기가 번 것이라고 생각한다. 그러나 그것은 하나님께서 인간에게 거저 준 것이며 하나님께서 허락하지 않으시면 인간은 아무리 노력해도 얻을 수 없는 것이다. 또한 부가 징표의 역할을 한다는 사실은 은혜의 풍성함을 암시한다. 하나님께서 은혜를 베푸실 때 조각으로 나누어 주시지 않고 풍성히 주신다. 이스라엘 백성이 언약의 땅에 들어 갔을 때 풍요로운 그 땅은 바로 하나님의 풍성한 은혜였다.[205]

계시록이나 구약에 의하면 사람의 부는 하나님 나라로 옮겨질 것이라고 되어 있다. 이렇게 부가 하나님의 새 창조에 귀속된다는 것은 성례의 또 다른 특성이다. 그렇다면 부는 하늘에 있는 새 예루살렘의 영광이 우리 가운데 존재하는 상징물이다. 이것은 이 세상과 이 세상의 모든 업적과 인간의 모든 힘들이 하나님께 속한 것이라는 사실을 강조하는 말이다. 이렇게 본다면 사람은 의식하든 그렇지 못하든 상관없이 부를 축적함으로써 하나님의 일을 위한 물질을 준비하고 있는 셈이다.[206]

이와 같이 구약의 부가 성례의 성격을 띤 것을 인정한다면, 그 다음에는 부의 윤리적인 문제가 제기된다. 말하자면, 부가 하나님의 은혜의 선물임을 아는 사람에게 부의 문제는 하나님에 대한 일종의 의무의 문제가 되는 것이다. 부가 성례인 이상 그 부의 사용은 그 성례로서의 의미를 드러내는 방향으로 사용되어져야 한다. 즉 그 부를 사용할 때 그 부가 은혜의 풍성함과 새 창조의 약속을 드러내는 방향으로, 모든 부가 하나님의 것이라는 사실을 나타내는 방향으로 사용되어야 할 것이다.[207]

그러나 옛 계약의 사람들은(그리스도인도 사실은 마찬가지다) 징표가 가리키는 것에는 관심을 갖지 않고 징표 그 자체에만 관심을 가졌다. 바로 여기에 예수 그리스도와 함께 새 시대가 시작되어야 하는 이유가 있다. 그리스도는 부의 성례적 성격을 인정하지 않았다. 그리스도가 현존하는 한 성례는 필요없다. 이전의 모든 희생제사가 그리스도의 희생 앞에서 폐지되듯이 부도 이제는 더 이상 영적인 의미를 가질 수 없다. 왜냐하면, 모든 은혜의 풍요로움은 전부 그리스도 안에 있기 때문이다. 이제 그리스도가 오심으로 말미암아 부는 하나님과의 관계 속에서 가졌던 의미 즉 하나님의 축복으로서의 의미, 은혜를 나타내는 징표로서의 의미를 완전히 상실하였다. 그리스도가 우리의 현실이며 우리의 축복인 이상 이제 부는 더 이상 징표도 아니며 축복도 아니다. 이제 부는 그 본래의 자리로 되돌아 가게 되었다. 그러므로 신약은 돈을 좋지 않게 평가하고 있다.[208]

둘째로, 신약에 나타난 부돈의 의미를 살펴 보자. 신약에서 돈 문제는 그리스도가 돈을 맘몬이라고 부른 점에서 그 핵심이 잘 드러난다. 그리스도가 맘몬 대신에 보통 돈이나 부를 나타내는 아람어 낱말을 쓸 수도 있는데 맘몬[209]이라는 낱말을 씀으로써 돈을 의인화하고 그것을 일종의 신격으로 다루었다. 이처럼 예수께서 돈을 인격화했다는 사실, 돈에 신성을 부여했다는 사실은 돈에 대해서 뭔가 특별한 것을 계시하고 있는 것이다.[210]

예수께서 여기에서 우리에게 계시하는 것은 첫째, 돈은 하나의 권세라는 점이다. 권세는 스스로 움직이는 것, 자율을 가지는 것, 고유의 법칙을 갖고 있는 것이며 그래서 주체로서 행위하는 것이다. 둘째, 그 권세는 영적인 가치(의미)를 지닌다는 것이다. 권세는 결코 중립적이지 않고 어디를 지향하고 있으며 인간으로 하여금 어디를 향하게 한다.

맘몬이 이처럼 영적인 권세를 지닌다는 것은 사람이 돈에게 신성한 특성을 부여한다는 것을 의미한다. 이는 현대인에게 있어서 돈은 거룩한 것의 일부를 이루고 있음을 말하는 것이다. 이런 사실로 인하여 성경은 돈 때문에 생기는 문제들을 윤리적 차원에서 다루지 않는다. 그 문제들은 우선 영적인 문제다.

돈이라고 하는 이 권세는 세상에서 여러 모양의 인간관계와 인간의 행동을 규정한다. 그것은 매매관계라고 지칭할 수 있는 것을 만들어 낸다. 이 세상의 모든 것은 어떤 방식으로든 값이 매겨지고 이러 저러한 방식으로 매매된다. 이것이 돈이라는 권세가 이 세상에서 활동하는 모습이다.[211] 이 매매행위에는 사람도 예외가 아니다. 결국, 이 매매로 인하여 인간은 하나님께 돌려야 할 본래 목적을 상실하게 되고 인간이 하나의 매매대상으로 전락하게 되며 하나님 외에 다른 거짓 권위가 하나님 자리에 앉아서 사람들의 숭배를 받는 현상이 야기된다. 이렇게 해서 매매관계는 신성모독으로 발전된다.

이런 사실을 인식하면서 맘몬의 특징을 살펴보자.[212] 첫째 특징은 부패다. 맘몬이 인간의 의나 하나님의 의와 전혀 일치하지 않는다는 뜻이다. 여기서 우리는 다시금 윤리의 차원을 벗어나야 한다. 불의한 청지기 비유눅 16:9-13에 의하면, 부패는 맘몬의 필연적인 속성이요 부패가 여러 모양으로 맘몬을 둘러 싸고 있는 것이다. 이 부패는 불의에서 야기되는 바, 이 불의는 하나님을 거스르는 것으로 맘몬의 특성이다. 둘째 특징은 그것이 별것 아니라는 것이다. 맘몬은 하나님에 대하여 대항하는 자가 될 수 없다. 형태의 측면에서 반대된다는 것이지 결코 하나님과 동등할 수는 없다. 맘몬은 꺾인 권세에 지나지 않는다. 셋째 특징은 거짓이다. 이것은 부패의 다른 측면이다. 그것은 어둠의 세상에 속해 있고 사람을 어둠으로 인도하는 거짓세력이다. 맘몬은 자기가 결코 만족시켜 주지 못하는 욕구를 사람의 마음 속에 불러 일으킨다. 전 5:10 그리고 그것은 스스로를 안정되고 견고[213]하며 믿을 만한 것처럼 보이게 함으로써 사람을 현혹시킨다. 넷째 특징은 맘몬은 사탄에 예속되어 있고 그리고 돈은 맘몬에 속해 있다는 점이다. 그런 점에서 사람은 돈을 가질 수는 없다. 왜냐하면, 돈은 결국, 사탄에 속해 있기 때문이다.

돈의 공격은 권세의 모습으로만 다가 오는 것은 아니다. 우리에게 익숙한 또 다른 개념이 있는데 그것은 유혹이라는 개념이다. 이 권세는 인간을 유혹하기 위해 언제나 활동한다. 사람이 돈 앞에서 유혹되는 것은 그 본성에 의해서만은 아니다.[214] 사람이 마음 가는대로 따라갈 경우 부 속에서 자신을 상실하게 되는데 그 사실은 개개인에게 더욱 가혹하게 작용한다. 왜냐하면, 그 유혹 속에는 하나님의 영과는 다른 영이 사람을 소유한다는 문제가 있기 때문이다.[215]

2) 돈과 그리스도인

그러면 돈이 지배하고 매매의 법칙이 지배하는 이 세계 속에서 그리스도인은 돈에 대해 어떻게 생각하고 또 돈문제에 대해 어떤 태도를 가져야 하는가? 돈에 대한 그리스도인의 생각과 태도(행위)를 분별하는 일이란 매우 중요하다. 왜냐하면, 그것은 결정적이고 영적인 행위이기 때문이다. 우선 두 종류의 입장을 생각할 수 있다.[216] 하나는 돈의 법칙에 따라 그것을 늘리고 경제.정치적인 면에서 활동함으로써 맘몬에게 충성하는 경우이다. 다른 하나는 수도원에 들어가 맘몬의 오염으로부터 도피하는 경우이다. 그러나 이런 입장은 모두 정당화될 수 없다. 그러기에 그리스도인은 이와는 다른 제 3의 대안을 택해야 한다. 이것은 무엇보다도 그리스도인이 돈을 이용해야 한다는 입장이다. 이 입장은 돈을 무시하지도 거부하지도 않는다. 오히려 맘몬이 제공하는 것을 이용해야 한다고 생각한다.

그러나 이것이 어떻게 가능할까? 그리스도인이 맘몬의 세계에 살면서 돈을 소유하고 매매행위를 하면서도 돈의 법칙에 굴복하지 않고 돈이 제공하는 것을 이용할 수 있는 길은 다름아닌 하나님에게 충성하는 데 있다. (사실 하나님에 대한 충성은 영적인 것들에만 국한되지 않고 세상에 속한 것들까지 다 포함하는 것이다) 이것은 이 세상에 오시기 위해 사람의 몸을 입었으나 세상의 법, 죄의 법을 따르지 않으신 그리스도를 본받는 일이라고 할 수 있다.

〈돈에 대한 엘륄의 기본 입장〉

"성경은 돈 때문에 생기는 문제들을 윤리적 차원에서 다루지 않는다. 그것들은 우선 영적인 문제다. 권세와의 관계 문제이지, 단순히 하나의 객체에 대한 태도의 문제가 아니다. … 돈이라고 하는 이 권세는 세상에서 여러 모양의 인간관계와 인간의 행동을 규정한다. 그것은 일반적으로 매매관계라고 부를 수 있는 것을 만들어낸다. 이 세상의 모든 것은 어떤 방식으로든 값이 매겨지고 이러저러한 방식으로 매매된다. 이것이 돈이라는 권세가 이 세상에서 활동하는 모습이다."

_{엘륄, 『하나님이냐 돈이냐』, 100}

"여기 두 세계가 있다. 매매의 세계 매매의 법칙이 지배하는 세계, 돈이 지배하는 세계와 은혜의 세계 거저 줌의 세계, 용서의 세계, 서로 철저히 상반되는 세계다. 서로 낯설고 교통이 없는 세계다. 예수는 우리가 하나님에 대한 실실함과 은혜를 가지고 이 세상에 들어가 그걸 관통할 것을 요구한다. 따라서 앞에서 우리가 말했던 삶의 태도 곧 매매의 법칙을 따르고, 그 법칙을 은혜의 세계에 침투시키는 삶의 방식과는 전혀 반대되는 태도가 요구된다. 은혜가 매매의 관습적인 도구를 이용하고, 그것이 돈의 권세를 관통해야 한다. 이때에야말로 은혜에 의해 맘몬이 파괴되고 무서운 권세를 더 이상 행사할 수 없게 된다. … 따라서 우리는 하나님이 주시는 은혜로 말미암아 매매의 사슬을 끊고, 사람을 둘러싸고 있는 돈의 법과 결별해야 한다."

"우리는 청지기 비유에서 돈 문제에 대한 모든 태도의 원리를 찾아냈다. 곧 은혜의 세계와는 전혀 다르고 적대적인, 매매의 법칙이 지배하는 세계 속으로 은혜를 관통시켜야 한다는 것이다."

_{엘륄, 『하나님이냐 돈이냐』, 124, 127}

여기서 우리는 우리에게 두 세계가 있음을 주목해야 한다.[217] 그것은 맘몬의 세계와 하나님의 세계인데 이 둘은 철저히 상반되는 세계이다. 맘몬의 세계가 매매의 세계라면, 하나님의 세계는 용서의 세계요 은혜의 세계이다. 전자가 돈의 법칙, 매매의 법칙이 지배하는 세계라면, 후자는 은혜의 법칙이 지배하는 세계이다. 매매의 세계에서는 계산의 논리가 지배하지만, 은혜의 세계에서는 거저 줌의 원리가 지배한다.

그런데 하나님이 우리의 자유를 위해 우리에게 아들을 주신 것은 이 세상의 법을 따른 것이 아니라 은혜의 법을 따른 것이요 그렇게 해서 하나님이 우리를 인도해 들이신 곳은 바로 그 은혜의 세계이다.[218] 그러기에 은혜의 세계에서 살도록 인도함을 받은 그리스도인은 매매의 법칙이 아니라 은혜의 법에 따라 살도록 요구된다.[219] 바로 여기서 우리가 돈을 사용하되 돈의 권세에 굴복되지 않고 돈을 이용하는 길이 열려지게 되는데 그것은 곧 은혜를 이 매매의 세계에 관통시킴으로써만이 가능한 것이다. 이는 매매의 법칙을 따르고 그 법칙을 은혜의 세계에 침투시키는 삶의 방식과는 정반대의 태도이다. 다시 말한다면, 그리스도인은 은혜의 세계와는 전혀 다르고 적대적인, 매매의 법칙이 지배하는 세계 속으로 은혜를 관통시켜야 한다는 것이다. 이것이 청지기 비유에서 발견할 수 있는 돈문제에 대한 그리스도인의 모든 태도의 원리이다.[220]

그렇다면, 우리가 어떻게 이것을 수행할 것인가? 첫째로, 사람과 돈 사이에는 늘 경쟁관계가 성립되는데 이 때 우리는 돈의 권세에 맞서 사람을 먼저 택해야 한다. 이는 우리가 처한 현실에서 돈이 아니라 사람을 위하는 방향으로 나아가야 한다는 것이다. 둘째로, 더 이상 돈을 사랑하지 않음으로써 가능하다. 성경이 예시하는 몇가지 범례들을 살펴보자. 성경이 제시하는 그리스도인의 첫번째 자세는 저축에 대한 새로운 인식의 전환이다. 저축이란 우리의 미래를 보장해주는 기능을 한다. 그러기에 저축을 신뢰하면서(미래의 확실한 어떤 것을 확보하면서) 하나님을 신뢰한다는 것은 하나의 궤변이다. 그러나 모든 저축이 정죄되는 것은 아니다. 두번째 자세는 근심으로부터의 해방이다. 세번째 그리스도인의 태도는 세속화로 정의할 수 있다. 돈을 다른 권세와 함께 세속화한다는 것은 돈에게서 성스러움을 제거한다는 것이다. 이 세속화에서는 거룩한 특성을 없애고 권세의 요소를 부수는 것이 핵심이다. 돈의 비신성화(세속화)는 증여(거저 줌)의 행위를 통해서 가능하다. 우선은 하나님에 대한 봉헌행위(증여)인 증여가 있는데 이것은 경쟁과 매매의 세상 속에서 은혜를 관통시키는 행위이다. 사람에게 증여할 때도 역시 돈은 비신성화된다. 이는 사람이 하나님을 영화롭게 하는 행위이며 다른 사람에게 은혜를 선포하는 행위이다. 사람들 사이에서 증여는 돈의 권세를 쳐부술 뿐만 아니라 그 증여를 받은 사람으로 하여금 은혜의 세계로 들어가게 한다. 이렇게 해서 증여는 세상 속에서 신앙을 나타내는 하나의 징표요 예언자적 행위가 된다. 그것이 징표가 되는 것은, 그것이 하나님의 보이지 않는 은혜를 눈에 보이는 방식으로 표현하기 때문이다. 또한 그것이 예언자적 행위가 되는 것은, 그것이 마지막 때를 알리기 때문이다.

이제 가난한 자에 대한 그리스도인의 책임의 문제를 살펴 보자. 엘륄은 이 문제를 하나님의 물음에 대한 응답의 문제로 파악하고 있다. 그리스도의 말씀에서 볼 수 있듯이 하나님은 가난한 사람을 우리 앞에 세우셨다. 가난한 자들은 하나님이 우리에게 끊임없이 제기하는 물음이다. 하나님께서는 이 물음을 우리에게 제기함으로써 우리들의 책임있는 대답을 요구하신다.[221] 하나님 편에서 세상에 던진 질문은 부자들을 향한 것이고 하나님 앞에서 가난에 대한 물음에 책임질 사람들도 바로 이 부자들이다. 가난의 문제는 세상을 위하여 세상의 이름으로 답변해야 되는 문제로서 하나님이 이 세상에 던진 문제이다. 그러나 부자들은 이 문제를 좋아하지 않는다. 왜냐하면, 그들은 가난한 자들을 좋아하지 않기 때문이다. 어느 사회를 막론하고 부자는 가난한 자를 미워한다. 왜 가난한 자를 끝까지 적대하는 것일까? 그 원인은 하나님에 대한 인간의 증오와 하나님이 제기한 문제를 거부하는 데 있으며 하나님께서 인간에게 부여하신 책임감의 거부에서 기인하는 것이다.[222]

하나님의 물음에 응답하기를 거부한다면, 그것은 우리의 책임을 다하지 못하는 것이요 그렇게 함으로써 우리는 하나님의 형상이 되기를 거부하는 것이요 마침내 사람이기를 거부하는 것이다. 그러나 문제는 가난한 자를 돕는 것이 아니다. 가난한 자에 대한 동정은 중요한 것이 아니다. 그에게 돈을 준다고 해서 그에 대한 우리의 관계가 바뀌는 것은 아니다. 사실 돈은 결코 가난한 자들의 상황을 바꾸지 못한다. 물론 가난한 자에게 돈을 주면 분명히 그것은 그에게 유익이 된다. 그러나 이 때 가난한 자의 짐을 덜어주면 그것으로 충분하고 모든 것은 그것으로 끝났다고 생각하면 성경의 가르침을 완전히 왜곡하는 것이 된다.[223]

그렇다면 우리가 가난한 자를 도와야 한다는 것은 무엇을 의미하는가? 우리가 할 수 있는 것은 앞으로 도래할 나라에 대한 예언적 징표가 되는 것이다. 그것은 주님의 축복 하에 있는 가난한 자에게 은혜의 소망을 전하고 그 은혜를 드러내는 것이다. 여기서 우리는 맑스주의와 반대의 입장에 서게 된다. 맑스주의와 기독교를 종합하는 것이 이상적이라고 할 수 없다. 그렇게 종합하면 기독교는 더욱 악하게 될 것이다. 개인적 참여를 요구하는 성경말씀을 고려할 때 맑스주의와 기독교의 대립은 매우 분명해진다. 가난한 자에 의하여 제기된 문제는 사회적인 문제나 경제적인 문제가 아니라 개인화된 문제이다.[224]

가난한 자에 대한 기독교의 입장은 개인적인 참여를 중시하는 것이다. 개인적으로 가난한 자의 상황을 직시하는 것이다. 그래야 하나님 앞에서 책임지는 사람이 될 수 있다. 스스로 책임지는 것은 세상을 향해 던지는 하나님의 물음에 참여하는 것이다. 즉 가난한 자들의 영적, 물질적 상황에 들어 가는 것이다. 가난한 분(그리스도)과 가난한 자와 함께 우리도 가난하게 되어야 한다. 이는 가난한 자들의 운명을 개선하기 위해서 사회적 차원에서 참여하는 것이 아니라 가난한 자의 대열에 참여하라는 것이다. 이런 해결방식은 영적인 관점에서나 이성적인 관점에서나 사람이 체제보다 우선하며 따라서 기독교는 체제(를 통한 해결)를 거부한다는[225] 엘륄의 입장을 그대로 보여주고 있다고 하겠다.

Ⅵ. 엘륄의 윤리에 대한 평가

1. 긍정적인 평가

1) 신학 이해

  엘륄은 자신의 윤리학이 성경연구를 기초로 하고 있고 철저하게 하나님의 계시, 성경의 계시를 출발점으로 한다는 점을 밝힌 바 있는데 그 점에서 그의 윤리는 신학적 윤리라고 할 수 있다. 바로 이 점에서 우리는 그의 공헌을 우선적으로 생각해야 할 것이다. 왜냐하면, 그것은 우리의 종교 상황과 윤리 상황이 혼돈가운데 있기 때문이다. 그는 오늘의 상황을 무종교의 시대(본회퍼), 종교 이후의 시대라고 보지 않는다.[226] 오히려 우리의 시대는 그 어떤 때보다 종교적인 시대라고 규정한다. 왜냐하면, 인간은 아무리 문명이 발달하다 하드라도 신성한 것이 없으면 살 수 없기 때문이다. 오늘의 시대가 종교 이후의 시대가 아니라는 사실은 문명의 발달과 더불어 비신성화 작업을 시행해 왔던 과학과 기술이 영적인 문제 또는 종교성을 제거한 것이 아니라 자기 자신이 다시금 그 성스러운 자리를 차지하고 있다는 점에서 분명하게 드러난다. 이런 점에서 오늘의 시대는 무종교의 시대가 아니라 우상종교의 시대이다. 바로 이런 상황 속에서 그리스도를 통한 하나님의 계시의 특수성, 하나님의 절대주권과 자유 그리고 그의 사랑을 그의 신학의 출발점과 표준으로 설정하고 하나님의 계시와 우상적 종교성을 대결시켰다는 점은 그의 큰 공헌이라 하지 않을 수 없을 것이다.

2) 윤리 이해

엘륄이 그의 신학사상에서 하나님의 계시를 강조한다고 해서 그가 하나님의 세상성과 신앙의 세상관련성을 소홀히 다루거나 무시하는 것은 아니다. 오히려 그는 신앙의 세상관련성을 누구보다 강조하고 있다. 왜냐하면, 그에게 있어서 신앙이란 세상없이는 결코 존재할 수 없는 것으로 이해되고 있기 때문이다.[227] 그러기에 그의 신학과 사상의 우선적인 관심사는 구체적이고 현실적인 실존의 삶의 문제 즉 신앙의 매일의 실천의 문제였지 추상적인 사변의 문제가 아니였다. 따라서 그는 신학이란 그리스도인으로 하여금 현대 세계에서 영향을 주는 독특한 삶의 스타일을 형성하도록 도와 주어야 한다고 주장한다.[228] 말하자면, 이 필연성의 세상 속에서 자유의 삶을 살아 가도록도와 주어야 한다는 것이다. 이런 맥락에서 그는 세상에 그저 순응하는 순응주의나 이 세상의 문제에 대한 책임을 회피하는 도피주의 모두 배격하고 그리스도가 가져 오신 자유와 희망, 그리고 하나님의 은혜를 증거하는 독특한 그리스도인의 삶을 강조하고 있다. 이와 같이 그는 신학을 실재적인 삶에 철저하게 연결시키고 있다고 할 수 있는데 바로 이 점이 그의 윤리학이 지니는 강점이라고 하겠다.

또한 우리는 엘륄의 윤리 사상이 지니는 긍정적인 의미를 리차드 니버의 '그리스도와 문화'의 다섯 가지 유형[229]과 관련시켜서 생각해 볼 수 있다. 우선, 엘륄은 세상의 일반적인 추세와 경향을 진리라고 생각하는 "사실종교"[230]를 배격하면서 세상적인 경향에 적응하는 것을 철저하게 거부한다는 점에서 그의 입장은 대립 유형 Christ against culture에 속한다고 할 수 있다. 동시에 그는 현상유지를 배격하면서 현대문명의 근본적인 변혁 즉 혁명을 주장한다는 점에서 그의 입장은 변혁 유형 Christ transforming culture에 속한다고 할 수 있다.[231] 이러한 입장은 아무래도 현실 문화에 타협 내지 적응해가는 일치 유형 Christ of culture [232]이 우세하게 나타나고 있는 오늘의 한국교회 현실에서 살아 가고 있는 그리스도인으로 하여금 자신들의 삶을 하나님 나라와 복음의 빛에서 근본적으로 재조명하도록 해준다는 점에서 공헌하는 바가 크다고 할 수 있을 것이다.

2. 부정적인 평가

1) 신학 이해

그의 사상의 많은 장점에도 불구하고 그의 신학에는 몇가지의 문제점을 갖고 있다. 여기서는 두가지 점만 지적하기로 한다. 우선, 그의 만인구원에 대한 입장이다. 그의 사상의 사회학적 차원을 보면, 철저하게 비관주의적이다. 우리가 살고 있는 세상에는 출구가 없으며 미래에 대한 어떠한 기대도 찾을 수 없다는 것이 엘륄의 주장이다.[233] 그러나 그의 사상을 신학적 차원에서 보면, 철저하게 낙관적인 것을 볼 수 있다. 그래서 클렌데닌은 엘륄을 가리켜 '사회학적 비관주의자' 이며 동시에 '신학적 낙관주의자' 라고 규정한다. 이처럼 그가 신학적으로 낙관적인 것은 보편주의에 대한 그의 확신에서 기인한다. 그는 이렇게 밝히고 있다. "내가 비관주의자인가? 전혀 아니다. 나는 인류의 역사가 그것이 아무리 비극적이라 하더라도 궁극적으로는 하나님의 나라에로 인도될 것이라고 확신하기 때문에 나는 비관주의자가 아니다. 나는 인류의 모든 행위가 하나님의 행위 안에서 재건되어 질 reintergrated 것과 우리 각자는 우리가 아무리 죄된 존재라 하드라도 궁극적으로는 구원될 것이라는 사실을 확신한다. … 결과적으로 나는 우리가 살고 있는 실재를 매우 진지하게 취급할 수 있다. 그러나 나는 비관주의의 여지를 남겨 두지 않는 구원과 하나님의 사랑과의 관련 속에서 그 실재를 파악한다."[234]

그러나 우리는 이러한 그의 확신에 동의 할 수 없다. 왜냐하면, 그는 하나님의 보편적이고도 무제한적인 은혜(사랑)의 사실과 상응하는 성경의 또 다른 측면 즉 특수한 은총에 대한 입장을 무시하고 있기 때문이다. 말하자면, 그는 성경 안에 있는 이 두 가지의 분명한 긴장을 해소시켜 버렸으며 그렇게 해서 그는 구원에 대해 특수한 견해를 보여 주고 있는 상당한 부분의 성경의 본문들을 공정하게 다루지 못했다는 사실이다. 이런 점에서 그는 성경 안에 있는 변증법적 긴장을 제대로 보존하지 못했다는 비판을 피할 길이 없다고 보여진다.[235]

다음은 섭리론에 대한 그의 입장이다. 그는 만물을 예지하고 명하며 통제하는 권능의 개념은 기독교적인 데라고는 아무 것도 없는 이상한 개념이라고 주장한다. 그에 따르면, 성경에는 어떤 섭리도 없으며 축복과 병과 부와 행복을 분배하는 하나님도 없다. 하나님은 프로그램에 따라서 작동하는 거인 컴퓨터가 아니다. 결국, 섭리의 하나님은 없고 다만 우리와 함께 하시며 우리의 모험에 우리를 동반하시는 하나님이 계실 뿐이다. 물론 이런 생각은 성경의 하나님은 해방자 하나님, 자유의 하나님이라는 그의 신관에서 연유하는 것이다. 그러나 이런 주장에는 오류가 있음을 지적하지 않을 수 없다. 왜냐하면, 그는 헬라의 철학적 신관에 대한 배격에서 섭리론 자체에 대한 배격으로 논리의 비약을 하고 있기 때문이다. 그의 말대로 성경의 하나님은 해방자 하나님이요 자유의 하나님이시다. 그러나 그렇다고 해서 하나님의 섭리가 배제될 필요도 없고 또 그럴 수도 없다. 물론 우리는 하나님의 기계적인 섭리론에 대한 엘륄의 배격을 이해한다. 그러나 잘못된 이해를 배격하기 위해 성경이 분명히 증거하는 바, 하나님이 예지하시고("미리 아시고":롬8:29, 11:2, 행2:23, 벧전1:2 등) 예정하시며("만세 전에 미리 정하셨다":롬8:29 등) 섭리하신다는 사실 자체까지 배격하는 잘못을 우리는 수용할 수 없다. 이와 관련해서는 인간의 자유와 책임을 무시하고 하나님에게 모든 것을 다 돌리는 입장과 피조물의 행위에 자율성을 허락함으로 하나님의 전능성을 제한하는 입장 사이에서 균형을 지키려고 노력했던 깔뱅의 입장이 성경 안에 있는 변증법적 긴장(하나님의 주권과 인간의 자유와 책임성)을 제대로 유지했다고 할 수 있을 것이다. 이 점에서 역시 엘륄은 자신의 입장 즉 변증법적 긴장을 제대로 유지하지 못했다고 보여진다.

2) 윤리 이해

먼저, 그의 기술이해에 대한 비판이다. 그의 기술에 대한 이해에 긍정적인 이해가 없는 것은 아니지만 그에게 있어서 기술이란 주로 거부되고 비판되어야 할 대상이다. 왜냐하면, 무엇보다도 거기에는 우상적 종교성이 작용하고 있기 때문이다. 이런 점에서 그의 기술 비판은 중요한 의의를 지니는 것이 사실이다. 그러나 그럼에도 불구하고 그의 기술이해는 지나치게 부정적이란 점에서 보완을 필요로 한다. 말하자면, 기술이 가지는 긍정적인 측면을 인정하면서 동시에 기술이 가지는 부정적인 요소를 직시하고 또 그것을 극복하려는 노력을 통해서 적절한 기술 appropriate technology [236]을 추구해야 한다는 것이다. 이안 바버에 따르면,[237] 적절한 기술이란 기술 낙관주의자들이 강조하는 기술의 물질적인 복지의 측면과 비관주의자들이 강조하는 인간의 존엄과 개인의 자유와 개인의 권리의 사실과 제3의 입장에 서 있는 자들이 강조하는 사회 정의의 측면이 모두 함께 고려되는 기술이다. 요컨대, 적절한 기술이란 생태학적으로 건전하고, 사회적으로 정의롭고, 개인적으로 인간적 필요를 충족시키는 창조적 기술을 의미한다. 따라서 기술을 환경적이고 인간적 가치에 봉사하도록 기술을 올바로 사용하는 것은 오늘의 기술 시대가 안고 있는 커다란 도전이라 아니 할 수 없을 것이다.

둘째로, 그의 국가관과 정치 참여 또는 사회 변혁의 방법에 대한 비판이다. 그의 국가관은 철저하게 부정적이다. 그러나 이것은 그가 도덕이 필연성의 질서, 타락의 질서의 한 부분을 이루고 있다는 사실을 설명하면서 도덕의 필요성을 주장한 내용과 사탄과 맘몬에 예속되어 있는 돈이라고 해서 돈을 무시하지도 거부하지도 말아야 한다는 그의 주장에 비추어서 볼 때 국가관에 있어서 변증법의 또 다른 국면을 무시한 판단인 것으로 여겨진다. 그도 그럴 것이 성경적으로 볼 때 우리는 국가가 정의를 실현해야 할 책임이 있는 기관으로 나타나고 있음[238]을 부인할 수 없을 뿐만 아니라 현실적으로도 국가가 제공하는 긍정적인 측면을 부정하고서는 우리의 삶이 지탱될 수 없음을 우리는 부인할 수 없기 때문이다.

그리고 우리는 정치 참여에 대한 그의 입장 즉 정치에 참여하는 것은 참된 그리스도인의 삶과 양립될 수 없다는 입장에 대한 문제를 지적하지 않을 수 없다. 왜냐하면, 그렇게 될 때 정치적 영역을 변혁시킬 가능성은 처음부터 차단될 것이기 때문이며 또한 그렇게 하는 것은 곧 그리스도인을 "당파적 구경꾼"[239]으로 만드는 일이기 때문이다. 여기서 우리가 기억해야 하는 사실은 "무엇보다 정치를 개혁하는 것은 사회를 변화시키는 통상적인 길이다"[240]라는 점이다. 또한 대안 공동체의 건설을 통한 사회 변혁의 방법에 대한 그의 주장에 대해 우리는 그것이 가지는 긍정적인 측면을 인정하면서 동시에 그것만으로는 부족하다는 점을 지적하지 않을 수 없다. 즉 모트의 주장을 따라 우리는 이렇게 말할 수 있다. "기존 사회와는 다른 대안 사회를 창조하는 것은 그 자체로 유용하다. 그러나 그것만으로는 성문에서 정의를 베풀고 모든 멍에를 벗기라는 성경의 가르침을 충분히 제시하기에 부족하다. 기독교 공동체를 형성하는 것만으로는 사회 변혁이나 사회정의를 실현한다는 관점에서 불충분한 것이다."[241]

세째로, 그의 폭력이해에 대한 비판이다. 우선 그의 폭력이해가 철저하게 그리스도의 정신을 추구하면서 악에 대해 적극적으로 저항하고 나아가서는 죄된 문화를 변혁시키고자 노력하고 있다는 점에서 그의 폭력론은 높이 평가를 받아야 한다고 여겨진다. 이런 전제아래 우리는 그의 폭력론이 가지는 약점을 지적하고자 한다. 그의 폭력 비판은 무엇보다도 폭력이 필연성의 질서라는 점에 근거하고 있는데 바로 여기에 그의 근본적인 약점이 있다. 엘륄의 주장대로, 필연성의 질서에 속한 것이기에 무엇이든 비판되고 부정되어야 한다면, '우리가 어쩔 수 없이 그렇게 하는 것' 즉 '필연성'에 속하는 것이면 폭력뿐만 아니라 타락의 질서에 속한 모든 것이 부정되어야 할 것이다. 이렇게 된다면, 인간의 생존이 불가능하게 될 것은 자명하다. 왜냐하면, 우리는 먹는것, 돈을 사용하는 것, 열심히 일하는 것 등을 해서는 안될 것이기 때문이다.[242]

또한 그는 모든 강제와 폭력을 구별없이 배격하고 있는데 그의 주장대로 한다면 그는 결코 강제를 피할 수 없을 것이다. 왜냐하면, 그는 『자유의 윤리』란 책에서 이렇게 말하고 있기 때문이다. "정치 권력이 전적으로 다른 어떤 것과 그리고 그 출발점이 확실하게 다른 어떤 사람과 대화를 수용하는 것은 결코 쉽지 않다. 이런 이유로 인해 그리스도인들은 대화를 필요로 하는 국가를 위하여 문을 강제로 열어야 할 것이다."243)

말하자면, 여기서 엘륄은 '문을 강제로 여는 일'을 말하고 있는데 그것은 일종의 강제의 형태라 할 수 있고 그리고 그 강제는 엘륄이 거부하는 폭력의 한 형태라는 사실이다. 결국, 그는 모든 강제를 폭력의 범주에 포함하여 거부하고 있으나 그 역시 강제의 어떤 형태를 다시금 인정하는 모순을 범하고 있다는 사실이다.244)

참고서적

- Barbour, Ian G. Technology, Environment, and Human Values, Praeger Publishers, 1980.
- Brown, Dale. "The New Demons -critique", Sojourners, Vol.5, No.9. Nov. 1976,
- Burke, David John. Jacque Ellul: Theologian and Social Critic, Washinton State University, 1980.
- Clendenin, Daniel B. Theological Method in Jacques Ellul, University Press of America, 1987, Christians, Cliff G. and Van Hook, Jay M. eds. Jacques Ellul :Interpretive Essays, Urbana: University of Illinois, 1981.
- Ellul, J. "K. Barth and Us", Sojourners, December, 1978.
- Ellul, Jacques. "Anarchism And Christianity", Katallegete, Fall. 1980
- Ellul, Jacques. "Technique and the Opening Chapters of Genesis", Theology And Technology.
- Ellul, Jacques. Anarchy and Christianity, 박건택 역, 무정부와 기독교, 서울: 솔로몬,1994.
- Ellul, Jacques. Answersfrom a Man Who Asks Hard Questions, Christianity Today, April. 20. 1980.
- Ellul, Jacques. In Season Out Of Season:An Introduction to the Thought of Jacques Ellul, Harper and Row, 1982, 김점옥 역, 인터뷰에 의한 자끄 엘륄 사상 입문, 서울:솔로몬, 1994.
- Ellul, Jacques. The Ethics of Freedom, William B. Eerdmanns Publishing Company, 1976.
- Ellul, Jacques. The Presence of the Kingdom, 이문장역, 세상 속의 그리스도인, 서울:대장간, 1993.
- Ellul, Jacques. The Presence of the Kingdom, 이문장 역, 세상 속의 그리스도

인.
- Ellul, Jacques. The Technological Society, Alfred A. Knopf, Inc. 1964.
- Ellul, Jacques. The Technological Society, 박광덕 역, 기술의 역사, 서울:한울, 1996.
- Ellul, Jacques. To Will and To Do, 자끄 엘뤽, 양명수 역, 원함과 행함, 서울: 전망사, 1990.
- Ellul, Jacques. To Will and To Do.
- Ellul, Jacques. Violence, 최종고 역, 폭력, 서울:현대사상사, 1994.
- Ellul, Jacques. "Technique and the Opening Chapters of Genesis", Carl Mitcham and Grote, Jim. eds. Theology and Technology, University Press of America, 1984.
- Ellul, Jacques. 김재현 역, 우리 시대의 모습, 안양:대장간, 1995.
- Ellul, Jacques. 자끄엘뤽번역위원회 역, 뒤틀려진 기독교, 서울:대장간, 1994.
- Ellul, Jcques. What I Believe, (William B. Eerdmans Publishing Company,1989)
- Fasching, Darrel J. The Thought Of Jacques Ellul:A Systematic Exposition, The Edwin Mellen Press, 1981.
- Fasching, Darrel Joseph. The Apocalypse of Freedom:Christian Ethics in the Technical Society. A Defense of the Social Ethics of Ellul, Jacques., Syracuse University,Ph. D., 1978.
- Fasching, Darrell. J. The Thought of Jacques Ellul: A Systematic Exposition, New York and Toronto, The Edwin Mellen Press, 1981.
- Fasching, Darrell Joseph. The Apocalyse Of Freedom:Chritian Ethics In The Technological Society, 1978.
- Gill, David W. The Word of God in the Ethics of Jacques Ellul, The American Theological Library Association and The Scarecrow Press, 1984.
- Hanks, Joyce M. "The Politics Of God And The Poitics Of Ellul", The Jour-

nal of The Evangelical Thological Society, June. 1992.
- Holloway, James Y. ed. Introducing Jacques Ellul, Grand Rapids, Michigan: William B. Eerdmans Publishing Co., 1970.
- Mott, Stephen Charles. Biblical Ethics And Social Change, 이문장 역, 복음과 새로운 사회, 서울:대장간, 1992.
- Niebuhr, H. R. Christ and Culture, 김재준 역, 그리스도와 문화, 대한기독교서회, 1978.
- 양명수, 호모 테크니쿠스, 한국신학 연구소, 1995.
- 자끄 엘륄, 윤종석 역, 기도와 현대인, 서울:두레시대, 1995.
- 정원범, "기독교와 한국문화", 신학과 문화, 장로회대전신학교, 1993.
- 제레미 리프킨, 이정배 역, 생명권정치학, 서울:대화출판사, 1996.
- 황호찬, 돈, 그 끝없는 유혹, 한국기독학생회출판부(IVP), 1996.

미주

1) James Y. Holloway, ed. Introducing Jacques Ellul, Grand Rapids, Michigan: William B. Eerdmans Publishing Co., 1970, p.6.
2) Jacques Ellul, 김재현 역, 우리 시대의 모습, 안양:대장간, 1995, p.13.
3) Ibid., p.13.
4) Jacques Ellul, In Season Out Of Season:An Introduction to the Thought of Jacques Ellul, Harper and Row, 1982, p.10, 김점옥 역, 인터뷰에 의한 자끄 엘륄 사상 입문, 서울:솔로몬, 1994, p.26.
5) Ibid., p.15
6) J. Y. Holloway, ed. Ibid., p.5.
7) Jacques Ellul, 김재현 역, op. cit., p.37.
8) 레지스탕스에 참여한 사실에 대해 그는 그것이 자신의 도덕성 때문이 아니라 필요에 의한 것이었다고 설명한다. 즉 자신이 막 해고되었고 아버지는 이미 체포되었으며 아내 역시 체포될지도 모르는 상황에서 다른 대안이 없었다는 것이다. (우리 시대의 모습, pp.40-41)
9) Ibid., pp.42-44. "정치적 환상"과 같은 그의 몇권의 책은 세계를 실제로 변화시키는데 있어서 정치가의 무능력, 관료조직의 엄청난 영향을 느끼게 했던 그의 활동으로부터 나온 것이다.
10) Darrell J. Fasching, The Thought of Jacques Ellul: A Systematic Exposition, New York and Toronto, The Edwin Mellen Press, 1981, p.3.
11) Jacques Ellul, op. cit., pp.44-47.
12) Darrel Joseph Fasching, The Apocalypse of Freedom:Christian Ethics in the Technical Society. A Defense of the Social Ethics of Jacques Ellul., Syracuse University,Ph. D., 1978, p.1.
13) Jcques Ellul, 김점옥역, op. cit., pp.31-32.
14) J. Y. Holloway, ed., op. cit., p.5.
15) J. Ellul, 우리 시대의 모습, p.20.
16) Jcques Ellul, What I Believe, (William B. Eerdmans Publishing Compa-

ny,1989) p.30, 자끄 엘륄, 인터뷰에 의한 자끄 엘륄 사상 입문, (서울:솔로몬, 1994) pp.31-32.
17) David C. Menninger, "Jacques Ellul:A Temperd Profile", The Review of Politics 37 (April 1975), p.239, David John Burke, Jacque Ellul: Theologian and Social Critic, Washinton State University, 1980, p.7. 재인용.
18) Ibid.
19) 자끄 엘륄, 인터뷰에 의한 자끄 엘륄 사상 입문, p.34.
20) 자끄 엘륄, 우리 시대의 모습, pp.25-27.
21) Ibid., pp.49-50.
22) Ibid., pp.28-30.
23) 자끄 엘륄, 인터뷰에 의한 자끄 엘륄 사상 입문, p.32.
24) 엘륄 연구가 중에 어떤 사람들은 (예컨대 H. T. Willson) 엘륄을 깔뱅주의자라고 주장하는데 이것은 잘못된 것이다. (본고의 내용외의 자료로는 J. Ellul, "K. Barth and Us", Sojourners, December, 1978, p.24 등을 참고 할 수 있음)
25) 자끄 엘륄, 인터뷰에 의한 자끄 엘륄 사상 입문, p.33.
26) 자끄 엘륄, 우리 시대의 모습, p.35.
27) Daniel B. Clendenin, Theological Method in Jacques Ellul, University Press of America, 1987, pp.10-11., Geoffrey W. Bromiley, "Barth's Influence on Jacques Ellul", Cliff G. Christians and Jay M. Van Hook, eds. Jacques Ellul :Interpretive Essays, Urbana: University of Illinois, 1981, pp.32-48.
28) Jacques Ellul, "Karl Barth and US", David W. Gill, The Word of God in the Ethics of Jacques Ellul, The American Theological Library Association and The Scarecrow Press, 1984, p.31. 재인용. 엘륄은 일관되게 하나님의 보편은총에 근거하여 만인구원을 주장하는데 - 이 점에서는 바르트보다 더 멀리 나가고 있다.-예외적으로 "사람과 돈" 과 같은 책에서는 영원한 저주가 있음을 언급하기도 한다. (하나님이냐 돈이냐, 대장간, 1991, pp.183-184.)
29) Daniel B. Clendenin, op. cit., p.12.
30) Ibid., pp.12-13.

31) Cliff G. Christians and Jay M. Van Hook, eds. op. cit., p.47.
32) "Jacques Ellul:Answers from a Man Who Asks Hard Questions", Christianity Today, April. 20. 1980, p.17.
33) Vernard Eller, op. cit., p.52.
34) "Jacques Ellul:Answers from a Man Who Asks Hard Questions", pp.17-18.
35) David W. Gill, op. cit., p.31.
36) Vernard Eller, "Ellul and Kierkegaard:Closer than Brothers", Cliff G. Christians and Jay M. Van Hook,eds. op. cit., pp.54-64.
37) 엘륄은 다음과 같이 진술했다. "나는 결코 관념을 쓰지 않았다. 나는 바로 내가 경험했던 것을 언제나 전달하려고 했다. …나는 언제나 나의 경험을 썼다." (Daniel B. Clendenin, op. cit., p.14.)
38) Daniel B. Clendenin, op. cit., p.15. 재인용.
39) Ibid.
40) David W. Gill, op. cit., p.31.재인용.
41) David B. Clendenin, op. cit., p.10.
42) 자끄 엘륄, 인터뷰에 의한 자끄 엘륄 사상 입문, p.45.
43) Ibid., pp.41-49, "Jacques Ellul:Answers from a Man Who Asks Hard Questions", op. cit., p.17.
44) Jacques Ellul, To Will and To Do, p.1, James Y. Holloway, ed. op. cit., p.11. 재인용.
45) Jacques Ellul, What I Believe, p.30.
46) Jacques Ellul, In Season Out Of Season, Harper and Row, Perblishers, Sanfrancisco, 1982, pp.201-202.
47) Daniel B. Clendenin, op. cit., p.28.재인용.
48) Jacques Ellul, What I Believe, pp.30-35.
49) 이것은 부정성의 긍정성을 말했던 헤겔의 영향이다.
50) 헤겔은 변증법을 실재를 파악하는 수단으로가 아니라 관념의 변증법으로 진리를 표현하는 수단으로 생각한다. (Ibid., p.31)
51) Daniel B. Clendenin, op. cit., p.37. 재인용.

52) Jacques Ellul, 자끄엘륄번역위원회 역, 뒤틀려진 기독교, 서울:대장간, 1994, p.78.
53) Daniel B. Clendenin, op. cit., p.42.
54) Jacques Ellul, 자끄엘륄번역위원회 역, op. cit., p.78.
55) Jacques Ellul, What I Believe, pp.35-42.
56) 이런 점에서 엘륄은 기독교적 정치학, 기독교적 경제학같은 것은 없다고 주장한다. (Jacques Ellul, What I Believe, p.43.)
57) James Y. Holloway, ed. p.20.
58) Jacques Ellul, What I Believe, p.44.
59) Darrell Joseph Fasching, The Apocalyse Of Freedom:Chritian Ethics In The Technological Society, 1978, p.26. 재인용.
60) Jacques Ellul, What I Believe, p.43.
61) Ibid., p.44.
62) Jacques Ellul, Violence, 최종고 역, 폭력, 서울:현대사상사, 1994, p.97.
63) Jacques Ellul, What I Believe, p.44.
64) Jacques Ellul, 최종고 역, 폭력, p.170.
65) David W. Gill, The Word of God in the Ethics of Jacques Ellul, p.32.
66) "도덕(la Morale)이란 인간의 행위를 규제하는 규범들을 단순히 기술해 놓은 것을 가리키고 윤리(Ethique)란 그러한 규범들의 근거와 원리에 대한 탐구를 가리킨다. 그러나 실제로는 그 구별이 그리 쉽지 않다. 프랑스에서는 흔히 도덕(la Morale)으로 양자의 의미를 모두 나타내는 것 같다"고 엘륄은 말한다.
67) Jacques Ellul, To Will and To Do, 자끄 엘륄, 양명수 역, 원함과 행함, 서울: 전망사, 1990, p.9.
68) Ibid., p.13.
69) Ibid., p.10.
70) Ibid., pp.26-27.
71) Ibid., p.15.
72) Ibid., p.35, 36, 54.
73) Jacques Ellul, Violence, 최종고 역, 폭력, 서울:현대사상사, 1994, p.149.
74) Jacques Ellul, 양명수 역, op. cit., p.54.

75) Jacques Ellul, To Will and To Do, p.41, David W. Gill, op. cit., p.33. 재인용.
76) 자끄 엘륄, 양명수 역, op. cit., pp.61-63.
77) Ibid., p.165.
78) Ibid., pp.166-168.
79) Ibid., p.174.
80) Ibid., p.178.
81) Ibid., p.175.
82) Ibid., p.181.
83) Ibid., pp196-197.
84) Ibid., pp.198-199.
85) Ibid., pp.201-205.
86) Ibid., p.206.
87) Jacques Ellul, The Ethics of Freedom, William B. Eerdmanns Publishing Company, 1976, p.7.
88) J. Ellul, 양명수 역, 원함과 행함, p.76.
89) Ibid., p.77.
90) Jacques Ellul, The Presence of the Kingdom, 이문장역, 세상 속의 그리스도인, 서울:대장간, 1993, p.27.
91) Jacques Ellul, The Ethics of Feedom, p.7.
92) Jacques Ellul, In Season Out Of Season, pp.183-184.
93) Jacques Ellul, The Ethics of Freedom, pp.23-50.
94) Jacques Ellul, "Technique and the Opening Chapters of Genesis", Carl Mitcham and Jim Grote, eds. Theology and Technology, University Press of America, 1984, p.134.
95) Jacques Ellul, 최종고 역, op. cit., pp.148-149.
96) Daniel B. Clendenin, Theological Method In Jacques Ellul, pp.99-104.
97) Jacques Ellul, The Ethics of Freedom, p.85.
98) Ibid., p.270.
99) Jacques Ellul, In Season Out Of Season, p.222.

100) Jacques Ellul, The Ethics of Freedom, p.62.
101) Ibid., p.122.
102) Jacques Ellul, The Technological Society, Alfred A. Knopf, Inc. 1964, p.xxxii.
103) Jacques Ellul, The Ethics of Freedom, p.86.
104) Jacques Ellul, "Le Sens" p.7, Daniel B. Clendenin, op, cit., p.108. 재인용.
105) 엘륄에게 있어서 "권세"란 법, 성, 기술, 국가, 종교, 과학, 도시, 돈 등 어떤 것이든지 될 수 있다. (Daniel B. Clendenin, Ibid., pp.111-112)
106) 엘륄에게 있어서 "육"이란 중립적인 의미에서 우리를 하나님으로부터 분리시키는 것, 우리의 유한성이고 또한 그것은 하나님을 대적하는 인간의 권세, 인간의 불안, 자기중심성, 교만 등 을 나타낸다. (Clendenin, Ibid., pp.113.)
107) Ibid., p.115.
108) Jacques Ellul, The Ethics of Freedom, p.120.
109) 엘륄은 거룩한 날을 일곱번째 날, 일의 종결의 날, 매일의 속박이 깨뜨려지는 날, 부활의 날, 필연성과 죽음에 대한 승리의 날, 은혜의 날이라고 규정한다. (Ibid., pp.128-129)
110) Ibid., p.126.
111) Ibid., pp.126-131.
112) Daniel B. Clendenin, op. cit., p.116.
113) Ibid., p.116-117.
114) Jacques Ellul, "Le Sens" p.18. Ibid., p.118. 재인용.
115) Jacques Ellul, Perspectives On Our Age,1981, 김재현 역, 우리 시대의 모습, 서울:대장간, 1995, p.56-57.
116) Ibid., pp.94-99.
117) Jacques Ellul, 박광덕 역, op. cit., p.93.
118) Jacques Ellul, The Technological Society, pp.3-4. 박광덕 역, 기술의 역사, 서울:한울, 1996, pp.19-20.
119) Jacques Ellul, 박광덕 역, Ibid., p.24.
120) Jacques Ellul, The Technological Society, p.xxv.

121) Darrel J. Fasching, The Thought Of Jacques Ellul:A Systematic Exposition, The Edwin Mellen Press, 1981, p.15.
122) Jacques Ellul, The Technological Society, pp.79-147. 박광덕 역, op. cit., pp.79-163.
123) 엘륄은 특히 선전(propaganda) 기술이 그 본질상 전체주의적이라고 주장한다.
124) Jacques Ellul, 김재현 역,op. cit., p.100.
125) Jacques Ellul, The Technological Society, pp.140-141.
126) Ibid., p.142.
127) Ibid.
128) Ibid., p.143.
129) 엘륄의 기술비판에 대해서 다음의 글을 참고할 수 있음. 양명수, 호모 테크니쿠스, 한국신학 연구소, 1995, pp.64-76.
130) 자끄 엘륄, 김재현 역, op. cit., p.78-79.
131) Ibid., pp.79-80.
132) Ibid., p.136-137.
133) Ibid., pp.137-140.
134) Ibid., pp.150-152.
135) Ibid., pp.152-162.
136) 이 문제와 관련하여 엘륄은 예정론을 거부한다. (Ibid., p.156)
137) Ibid., pp.164-168.
138) 엘륄의 기술이해에 대해 많은 학자들은 극단적인 비관주의라고 비판하는데 이는 엘륄 윤리의 변증법적 방법론의 부정의 한 국면만을 보고 또 다른 기둥인 긍정의 국면을 보지 못할 가능성이 있다. 물론, 그에게 비관적 시각이 우세한 것은 사실이다. 그러나 우리는 그가 기술에 대한 사용 자체를 부정하고 있는 것이 아니라는 점을 염두에 두어야 할 것이다. 예컨대 그는 교통과 통신의 발달을 통하여 기술이 시간과 공간의 제약으로부터의 자유와 같은 많은 긍정적인 측면을 제공하고 있음을 부인하지 않는다. 또한 그는 기술에 대해 적극적인 긍정은 아니라 해도 그 자체를 악이라고 규정하지 않는다. 그는 이렇게 말한다. "나는 기술이 죄의 열매라고 말하지 않았다. 나는 기술이 하나님

의 뜻에 반대된다고 말하지 않았다. 나는 기술 자체가 악이라고 말하지 않았다. 나는 다만 기술이 에덴 창조의 연장은 아니며 기술은 하나님에 의해 부여된 소명에 대한 인간의 응락도 아니고 그것은 아담의 처음 본성의 열매는 아니라는 사실만을 말했다. 기술은 죄가 인간에게 들어 온 상황의 산물이다. 즉 기술은 타락된 세상에서만 새겨져 있는 것이며 그것은 인간의 자유가 아닌 필연성의 산물이다." (Jacques Ellul, "Technique and the Opening Chapters of Genesis", Theology And Technology, p.133.)

139) Jacques Ellul, The Presence Of The Kingdom, pp.61-62.
140) Ibid., pp.63-77. 이문장 역, 세상 속의 그리스도인, 서울:대장간, 1993, pp.68-80.
141) Ibid., p.40.
142) Ibid., pp.49-55.
143) Ibid., pp.87-91.
144) Ibid., p.91, 151-153.
145) Ibid., pp.92-95.
146) 자끄 엘륄, 윤종석 역, 기도와 현대인, 서울:두레시대, 1995, p.62.
147) Ibid., p.76, 87.
148) Ibid., p.42.
149) p.202.
150) Ibid., p.158, 209.
151) Ibid., pp.205-207.
152) Jacques Ellul, Anarchy and Christianity, 박건택 역, 무정부와 기독교, 서울:솔로몬,1994, p.9.
153) Jacques Ellul, The Ethics of Freedom, pp.395-396.
154) Ibid.
155) Ibid.
156) 박건택 역, op. cit., p.19.
157) 엘륄의 폭력이해에 대해서는 다음 장에서 자세하게 다루게 될 것이다.
158) Ibid., pp.20-21.
159) Ibid., p.59.

160) Ibid., pp.22-23.
161) Ibid., pp.27-28.
162) Ibid., pp.28-29.
163) Ibid., pp.31-32.
164) Ibid., pp.32-33.
165) Jacques Ellul, "Anarchism And Christianity", Katallegete, Fall. 1980, p.20.
166) 박건택 역, op. cit., pp.75-77.
167) Ibid., p.78.
168) Ibid., pp.79-80.
169) Ibid., p.81.
170) Ibid., pp.82-83.
171) Ibid., pp.84-88.
172) Ibid., pp.98-99.
173) Ibid., p.99.
174) Jacques Ellul, "Anarchism And Christianity", op. cit., p.21.
175) Ibid., p.22.
176) Joyce M. Hanks, "The Politics Of God And The Poitics Of Ellul", The Journal of The Evangelical Thological Society, June. 1992, p.228.
177) 박건택 역, op. cit., pp.125-127.
178) 엘륄, 폭력, 최종고 역(서울:현대사상사,1994), pp.9-37.
179) Ibid., pp.47-56.
180) Ibid., p.63. 재인용.
181) Ibid.,pp.75-87.
182) 엘륄의 윤리 방법론 중 현실주의 항목에서 이미 언급한 바 있다.
183) Ibid., pp.111-128.
184) Ibid.,pp.115-118, pp.128-136.
185) Ibid., pp.136-147.
186) Ibid., p.148.
187) Ibid.,p.148.

188) Ibid., pp.155-163.
189) 엘륄의 윤리 방법론 중 기독교철저주의 항목에서 언급한 바 있음.
190) Ibid., pp.198-202.
191) Ibid., p.198.
192) 자끄 엘륄, 양명수 역, 하나님이냐 돈이냐, 서울:대장간, 1991, pp.45-47.
193) Ibid., p.54.
194) Ibid., p.55.
195) Ibid., p.57.
196) Ibid., p.59.
197) Ibid., p.60.
198) Ibid., pp.62-63.
199) Ibid., p.56.
200) Ibid., p.64.
201) Ibid., pp.67-70.
202) Ibid., p.72.
203) Ibid., pp.74-78.
204) Ibid., pp.81-84.
205) Ibid., pp.83-84.
206) Ibid., p.86.
207) Ibid., p.87.
208) Ibid., pp.89-91.
209) '부' 또는 '소유'를 나타내는 아람어 '맘몬'이란 말은 원래 '위탁한다.'는 의미이다. 재물은 본래 수동적 의미로서 '위탁된 것'이었지만, 복음서에서는 능동적인 의미로서 인간이 '위탁하는 것'으로 변했다.(황호찬, 돈, 그 끝없는 유혹, 한국기독학생회출판부(IVP), 1996, p,39.)
210) Ibid., p.97-103.
211) 돈이 이 세상에서 활동하는 모습은 돈이 항상 힘 또는 권력을 나타내는 것이란 사실에서도 잘 드러난다. 이 점을 19세기 사회 개혁가 존 러스킨은 다음과 같이 분명하게 드러내고 있다. "돈은 타인의 노동에 대한 법적, 도덕적 권리, 혹은 그에 대한 권력을 개인의 손아귀 아래 축적하는 것을 의미한다. 부

라는 이름아래 진정으로 욕구되는 것은 본질적으로 다른 사람들에 대한 권력이다."(제레미 리프킨, 이정배 역, 생명권정치학, 서울:대화출판사, 1996, p.43. 재인용.)
212) Jacques Ellul, op. cit., pp.120-122.
213) 돈(money)이란 말은 "견고하다"는 뜻을 가진 라틴어 모네오(moneo)에서 나온 말이다. 이점은 돈이 안정과 밀접한 관계가 있음을 잘 보여준다.(제레미 리프킨, op. cit., p.42.)
214) 유혹의 인간적인 측면은 앞에서 언급된 바 있다.
215) Jacque Ellul, op. cit., p.104.
216) Ibid., p.123.
217) Ibid., p.124.
218) Ibid., pp.112-113.
219) Ibid., p.129.
220) Ibid., p.127-148.
221) Ibid., p.197.
222) Ibid., pp.200-202.
223) Ibid., pp.203-205.
224) Ibid., pp.206-207.
225) Ibid., pp.27-31, 207.
226) Dale Brown, "The New Demons -critique", Sojourners, Vol.5, No.9. Nov. 1976.
227) Gabriel Vahanian "Jacques Ellul And The Religious Illusion", Darrell J. Fasching, The Thought Of Jacques Ellul: A Systematic Exposition, p.xviii. Daniel B. Clendenin, Theological Method In Jacques Ellul, p.144.
228) Clendenin, Ibid., p.144.
229) H. R. Niebuhr, Christ and Culture, 김재준 역, 그리스도와 문화, 대한기독교서회, 1978, pp.48-51. 첫째 유형은 그리스도와 문화의 관계를 대립의 관계로 보는 대립 유형이다. 둘째 유형은 그리스도와 문화 양자 사이에는 근본적인 일치가 있다고 생각하는 일치 유형이다. 세째 유형은 양자 간에 연속성

과 불연속성을 인정하고 양자를 종합하려는 종합하려는 종합 유형이다. 네째 유형은 양자 간의 상반성과 긴장성을 강조하는 역설의 유형이다. 다섯째 유형은 양자 간의 대립은 인정하면서도 도피주의나 순응주의의 입장을 거부하는 입장 즉, 그리스도는 문화를 변혁시키는 분이라고 보는 변혁 유형이다.

230) Jacques Ellul, The Presence of the Kingdom, 이문장 역, 세상 속의 그리스도인, pp.42-44. 엘륄에 따르면, 사실 종교란 사실을 진리라고 생각하며 그것을 신격화시키는 현대인의 뿌리깊은 신념을 가리킨다.

231) Ibid., pp.37-62.

232) 이 부분에 대해서는 다음의 논문에서 다룬 바 있다. 정원범, "기독교와 한국문화", 신학과 문화, 장로회대전신학교, 1993, pp.71-74.

233) Ibid., p.136.

234) Ibid. 재인용.

235) Ibid., pp.138-139.

236) Ian G. Barbour, Technology, Environment, and Human Values, Praeger Publishers, 1980, p.55.

237) Ibid., pp.53-56.

238) Stephen Charles Mott, Biblical Ethics And Social Change, 이문장 역, 복음과 새로운 사회, 서울:대장간, 1992, p.255.

239) Kennth J. Konyndyk, "Violence", Cliff G. Christians and Jay M. Van Hook eds., Jacques Ellul:Interpretive Essys, p.266.

240) 스티븐 모트, 이문장 역, op. cit., p.261.

241) Ibid., p.191. 성문에서 공의를 세운다(암5:15)는 말은 히브리 성읍에서 이루어졌던 정치적인 문제들에 대한 언급이다. 이스라엘 족속은 그들의 출입구인 성문에서 법적인 문제를 해결하기 위해 이른 아침에 모이곤 하였다. (Ibid., p.111.)

242) Kenneth J. Konyndyk, op. cit., pp.261-264.

243) Jacques Ellul, The Ethics Of Freedom, p.387.

244) Clifford G. Christians and Jay M. Van Hook, eds., op. cit., p.79.